MARTINA DARGA

LAOTSE

MARTINA
DARGA

LAOTSE

DIEDERICHS KOMPAKT

Editorische Notiz

In der westlichen Welt wurden unterschiedliche Systeme zur Transkription des Chinesischen entwickelt. So mag der eine Autor »Tao« schreiben, ein anderer dagegen »Dao«. Beide beziehen sich jedoch auf denselben chinesischen Begriff. In diesem Buch wird – die Umschlagseiten und den Innentitel ausgenommen – die aktuelle und inzwischen am häufigsten gebrauchte Pinyin-Umschrift verwendet. Der Pinyin-Umschrift folgend erscheint etwa »Laozi« statt »Laotse« oder »Dao« anstelle von »Tao«. Über die Jahre hinweg haben sich in Deutschland bei einigen chinesischen Begriffen, Namen und Titeln bereits andere Schreibvarianten eingebürgert. Um das Erkennen wichtiger Begriffe zu erleichtern, werden diese gegebenenfalls in Klammern beigefügt.

Bibliographische Information Der Deutschen Bibliothek:
Die Deutsche Bibliothek verzeichnet diese Publikation
in der Deutschen Nationalbibliographie;
detaillierte bibliographische Daten sind im Internet
über http://www.dnb.ddb.de abrufbar.

Textredaktion: Barbara Imgrund, Heidelberg
Umschlaggestaltung: 'Werkstatt, München /
Weiss · Zembsch
Produktion: Ortrud Müller
Satz: EDV-Fotosatz Huber/Verlagsservice G. Pfeifer,
Germering
Druck und Bindung: Huber, Garching-Hochbrück
Printed in Germany

ISBN 3-7205-2464-7

INHALT

EINFÜHRUNG

Laozi (Laotse), der »alte Meister«, gilt als einer der bedeutendsten Weisen Chinas. Er wird als Urvater des Daoismus, der angestammten Religion Chinas, verehrt. Fromme Daoisten huldigen ihm als einem Unsterblichen und als einem Gott. Laozi ist also mit dem Daoismus ebenso eng verbunden wie Christus mit dem Christentum oder Muhammad mit dem Islam.

Dabei weiß niemand, ob Laozi jemals gelebt hat. Es existieren weder Biografien noch historische Fakten, die eindeutige Hinweise auf die Existenz des Alten Meisters enthalten. In Legenden und Hagiographien wird sein Leben jedoch ausgiebig entfaltet. Auch schreibt man ihm ein Buch zu, das die chinesische Geisteswelt tiefgehend beeinflusst hat und eine tragende Säule des Daoismus darstellt: Dieses Buch, das *Daode jing* (*Tao-te ching*, *Tao Te King*), entstand im vierten Jahrhundert v. Chr. und ist heute in der ganzen Welt bekannt. Es zählt zu den am häufigsten übersetzten Büchern. Gleich einer sprudelnden Quelle der Weisheit erquickt es seit seiner Entstehung unzählige Menschen und gibt Hinweise darauf, wie man die Welt besser verstehen und sich selbst vervollkommnen kann. In früheren Zeiten diente es auch den Herrschern als politischer Ratgeber. Bevor dieser »Fünftausend-Zeichen-Schrift« der Ehrentitel *Klassiker vom Dao und seiner Wirkkraft* (*Daode jing*) verliehen wurde, hieß es nach seinem »Autor« schlicht das Buch *Laozi*, wie es auch heute noch häufig liebevoll genannt wird. Und auch wenn Laozi wahrscheinlich keine historische Gestalt war, so lebt er doch seit 2500 Jahren in überlieferten Geschichten, im Glauben der Frommen und in dem Buch *Laozi*.

Es versteht sich von selbst, dass eine Einführung zu Laozi keine Biografie im gewöhnlichen Sinne sein kann. Wir versuchen darzustellen, wie Laozi in China verstanden, beschrieben und verehrt wurde und wird. Es sind im wesentlichen Hagiographien und Legenden, die von den unterschiedlichen Laozi-«Bildern« Zeugnis geben. Da eine Beschäftigung mit Laozi unweigerlich die Auseinandersetzung mit dem ihm zugeschriebenen Werk einschließt, werden auch das *Daode jing* und die dort beschriebene Lehre zur Sprache kommen. Ein weiteres Kapitel ist der religiösen Praxis gewidmet, in deren Mittelpunkt Laozi steht. Denn seitdem die Daoisten Laozi als Gott erkannten, verehren sie ihn auf verschiedene Weise, meditieren über ihn und rezitieren das *Daode jing* und andere Schriften, die auf Offenbarungen Laozis zurückgeführt wurden.

In den letzten drei Jahrzehnten wurden Laozi und das *Daode jing* eingehend erforscht; die sinologischen Untersuchungen dauern noch an. Das vorliegende Buch versucht, auf der Basis dieser Erkenntnisse Laozi und sein Werk allgemein verständlich nahe zu bringen. Dabei kann die historische Entwicklung des komplexen Laozi-Mythos zwar nicht in allen Details aufgezeigt werden, Leser, die tiefer in die Materie eindringen möchten, finden jedoch in den Anmerkungen Hinweise auf weiterführende Fachliteratur. Durch Übersetzungen des *Daode jing* wurde Laozi auch im Westen bekannt. Jedes Buch, das sich mit dem Daoismus beschäftigt, greift auf Laozis Lehre vom Dao zurück.

Laozi sagt:

> Hört ein großer Weiser vom Dao,
> so ist er bestrebt, es ihm nachzutun.
> Hört ein mittelmäßiger Weiser vom Dao,
> so ist er mal dessen gewahr, mal verliert er es.
> Hört ein geringer Weiser vom Dao,
> so lacht er darüber.
> Würde er nicht lachen,
> so wäre es nicht das wirkliche Dao.
>
> Deshalb gibt es folgenden Sinnspruch:
> Das leuchtend helle Dao erscheint dunkel.
> Das vordringende Dao erscheint, als zöge es sich
> zurück.

Das ebene Dao erscheint uneben.
Die höchste Wirkkraft (des Dao) erscheint wie ein tiefes Tal.
Die größte Reinheit erscheint wie ein Makel.
Die umfassende Wirkkraft erscheint unzureichend.
Die starke Wirkkraft erscheint verborgen.
Die stabile Wirkkraft erscheint veränderlich.
Das große Viereck hat keine Ecken.
Das große Werk braucht lange zur Vollendung.
Der große Ton ist lautlos.
Das große Bild ist formlos.
Das Dao – so geheimnisvoll – hat keinen Namen.
Doch nur das Dao in seiner Güte spendet und vollendet.

(Daode jing, Abschnitt 41)

GESCHICHTE EINES LEBENS

Seit dem vierten Jahrhundert v. Chr. geben chinesische Schriften über Laozi Auskunft. Da dieses frühe Bild von Laozi im Laufe der Geschichte immer wieder um neue Facetten bereichert wurde, entstand eine komplexe und vielfältige Gestalt, die in ihrer Gesamtheit bis heute wahrgenommen wird als Philosoph, Weiser, Meister, Unsterblicher, als ein Gott und der Urvater des Daoismus. Die Quellen, aus denen wir Kenntnisse über ihn gewinnen, sind philosophische Schriften aus daoistischen und konfuzianischen Kreisen, Laozis Biografie in Sima Qians Geschichtswerk wie auch Legenden und Heiligenbiographien. Werfen wir also einen Blick zurück ins alte China und hören wir, was man sich damals über Laozi erzählte.

DIE OFFIZIELLE BIOGRAFIE

Über 2000 Jahre lang wurde von Generation zu Generation die Lebensgeschichte von Laozi so überliefert, wie es Sima Qian (ca. 145–86 v. Chr.) im 63. Kapitel seines Geschichtswerks *Historische Aufzeichnungen* (*Shiji*) niedergelegt hatte. Ihm zufolge lebte Laozi, der »alte Meister«, zur Zeit des Konfuzius (551–479 v. Chr.), also vor etwa 2500 Jahren. Er stammte aus der Ortschaft Quren im Distrikt Lai der Provinz Hu in Chu. Dies entspricht dem heutigen Luyi in der Provinz Henan. Sein Familienname war Li, sein Vorname Er (»Ohr«) und sein Mannesname Dan (»Langohr«). Laozi hieß also Li Er, denn anders als bei uns wird in China zuerst der Nachname, dann der Vorname genannt.

Sima Qian berichtet, dass Laozi das Dao und die Tugend pflegte und überdies lehrte, dass man in der Welt ruhmlos und im Verborgenen leben solle. Lange Zeit war Laozi als Archivar am Hofe des Zhou-Königs tätig. Als er sah, wie das Land zusehends verfiel, legte er sein Amt nieder und reiste gen Westen. Er gelangte zu einem Grenzpass, wo ihn der Passwächter Yin Xi eindringlich bat, der Nachwelt etwas Schriftliches zu hinterlassen. Laozi kam der Bitte nach und verfasste ein zweiteiliges Buch aus 5000 Schriftzeichen über das Dao (das Absolute) und dessen Wirkkraft (die Tugend). Dann zog er weiter. »Niemand weiß, wo er sein Leben beendete«, stellt Sima Qian fest.

Dies ist der Kern von Laozis »offizieller« Lebensgeschichte, der über zwei Jahrtausende zumeist auch als authentischer historischer Bericht angesehen wurde. Laozis Biografie enthält aber noch mehr Informationen. Sima Qian beschreibt eine Begegnung zwischen Laozi und Konfuzius. Er erwähnt zwei Männer ähnlichen Namens und gibt eine Aufzählung von Laozis Nachfahren.

Die Biografie setzt sich aus mehreren Elementen zusammen, die historisch nicht ohne weiteres überzeugen. Einige Teile entspringen sicherlich legendenhaften Geschichten, andere scheinen nicht miteinander vereinbar zu sein. In den letzten Jahrzehnten haben sich Wissenschaftler ausgiebig mit dem Problem der historischen Authentizität des Laozi beschäftigt. Ihre Untersuchungen zeigen, dass weder die »Biografie« in den *Historischen Aufzeichnungen* noch andere Schriftquellen eindeutig auf die Existenz Laozis schließen lassen. Wenngleich dies nicht ganz ausschließt, dass Laozi möglicherweise doch gelebt hat, besteht doch ein generelles Einvernehmen darüber, dass diese geschichtsträchtige Gestalt mit großer Wahrscheinlichkeit fiktiv ist. Zwar können diese Forschungen hier nicht im Einzelnen dargestellt werden, doch einige wichtige Punkte sollen um eines besseren Verständnisses willen kurz angesprochen werden.[2]

China in der Zhou-Zeit

Die Zeit, in der Laozi gelebt haben soll, heißt Östliche Zhou-Zeit. Die Zentralgewalt oblag damals den Zhou-Königen, doch das Reich war in mehrere Lehnsstaaten unterteilt, die von Lehnsherren regiert wurden. Im Laufe der Jahrhunderte zerfiel die Macht der Könige zusehends, bis sie völlig zusammenbrach. Fürst Zheng von Qin (259–210 v. Chr.) einte die Länder militärisch und gründete 221 v. Chr. das Kaiserreich. Unter dem Namen Qin Shihuangdi ging er als erster Kaiser Chinas in die Geschichte ein. Die Östliche Zhou-Zeit war nicht nur eine Periode des Übergangs von der Feudalherrschaft zum Kaiserreich, sondern auch eine Zeit langanhaltender blutiger Kleinkriege. Die Lehnsherren kämpften untereinander um die Vormachtstellung in China und mussten sich gegen einfallende Nomaden aus dem Norden verteidigen. Handel und Wirtschaft blühten in dieser politischen Krisenzeit jedoch auf.

Das Chaos im Äußeren rief bei vielen Menschen eine Suche nach Stabilität und innerer Orientierung hervor. Neue Ideen und Lehren kamen in so großer Zahl auf, dass diese Periode auch die »Zeit der hundert (Philosophen-)Schulen« genannt wird. Einige dieser Schulen prägten das chinesische Geistesleben entscheidend. Gelehrte, z. B. Konfuzius, reisten von Staat zu Staat, um den jeweiligen Herrschern ihre neuen Gedanken zur Wiederherstellung der politischen und sozialen Ordnung vorzutragen. Ideen über die rechte Staatsführung waren in den damaligen Philosophenschulen von großer Bedeutung, denn es herrschte die Auffassung, dass politische und gesellschaftliche Missstände die kosmische Harmonie beeinträchtigen. Indem also das Land wieder geordnet wurde und die Menschen sich selbst vervollkommneten, konnte die Ordnung im Universum wiederhergestellt werden.

Zur mündlichen Überlieferung solcher Lehren kam die schriftliche hinzu. Während die Schrift zunächst allein dazu gedient hatte, mit den Göttern zu kommunizieren oder historische Fakten festzuhalten, wurden in diesen Jahrhunderte erstmals philosophische Bücher verfasst. Darin sammelte man die Aussprüche von Lehrern oder Philosophen einzelner Schulen. So ist mit großer Wahrscheinlichkeit auch das dem Laozi zugeschriebene *Daode jing* aus dem vierten Jahrhundert v. Chr. eine Kollektivarbeit.

HISTORIE ODER LEGENDE?

Sima Qian griff in seiner Laozi-Biografie auf das zurück, was die Menschen damals von Laozi wussten oder zu wissen glaubten. Dies waren sicherlich zum Teil Erzählungen und mündliche Überlieferungen. Ebenso konnte er sich aber auch auf jene Schriften stützen, die sich schon vor seiner Zeit mit Laozi beschäftigt hatten. Wichtige Quellen waren das Buch *Zhuangzi* (*Meister Zhuang*), dessen älteste Teile aus dem vierten Jahrhundert v. Chr. stammen, ein Abschnitt der *Frühlings- und Herbstannalen von Lü* (*Lüshi chunqiu*), etwa um 240 v. Chr., und das Werk des Philosophen Xunzi (313–238 v. Chr.).

Bei der Frage nach der Authentizität von Sima Qians Laozi-Biografie ist zunächst auf die Namengebung hinzuweisen. Laozi wird dort erstmals der Nachname Li zugeschrieben. Alle früheren Texte sprechen nur von dem »alten Meister« (Laozi) oder dem »alten Langohr« (Laodan). Ob Zhuangzi, »Meister Zhuang«, Kongzi, »Meister Kong« (Konfuzius), Mengzi, »Meister Meng« oder viele weitere – generell wurden die Meister oder Philosophen bei ihrem Nachnamen genannt. Nur Laozi hieß schlicht der »alte Meister«. Die Bezeichnung »alter Meister« ist jedoch kein Familienname, sondern deutet auf Langlebigkeit und Weisheit hin. Auch Laozis Namen »Ohr« und »Langohr« sind Kennzeichen dieser Qualitäten, symbolisierten doch im alten China große Ohren eine tiefe Weisheit, die vor allem betagten Menschen zugeschrieben wurde. Warum erhielt Laozi also im Nachhinein den Namen Li?

Zu Sima Qians Zeit gehörte zu den bedeutenden daoistischen Kreisen ein Herr Li, den Sima Qian ans Ende der Liste von Laozis »Nachkommen« stellt. Dieser Herr stammte aus der einflussreichen Familie Li, die ihren Stammbaum auf Laozi zurückführte. So kam Laozi etwa 400 Jahre nach seiner vermeintlichen Lebenszeit zum Familiennamen Li.

Die genannten frühen Schriften vermögen bei genauerer Betrachtung recht wenig und kaum Konkretes über Laozis Leben auszusagen. Das Buch *Zhuangzi* zum Beispiel erzählt in einer Geschichte, dass Laozi Archivar am Hofe der Zhou war und sich danach ins Privatleben zurückzog. An anderer Stelle wird Laozis Tod erwähnt, zum einzigen Mal in der gesamten Literatur übrigens. Ein Laozi oder auch ein Laodan erscheint in mancherlei Episoden des Werkes. Er wird als ein daoistischer Weiser beschrieben, der dem gewöhnlichen Leben nicht viel Bedeutung beimisst und zuweilen versunken oder auch völlig entrückt dasitzt. Andere Menschen, sogar der ehrwürdige Konfuzius, suchen ihn auf, um Belehrungen zu empfangen. Dabei scheuen sie weder Mühsal noch weite Wege, um dem Meister zu begegnen. Laozi spricht mit den Suchenden meistens bereitwillig, obwohl er sein Gegenüber hin und wieder auch mit harten Worten zurechtweist, um ihm den rechten Weg aufzuzeigen. Anders als im *Daode jing*, das mit Worten sehr sparsam umgeht, ist Laozi im Buch *Zhuangzi* ein wortgewaltiger Lehrer, der nicht eine eigene, sondern ganz die Lehre des Meister Zhuang vertritt.

Erst ab der Mitte des dritten Jahrhunderts v. Chr. taucht Laozi als ein Mann mit einer eigenständigen Lehre auf, und zwar in den Schriften anderer Philosophen. Ein Beispiel hierfür findet sich bei Xunzi, der in einem Satz mit kritischem Unterton bemerkt, Laozi verstünde sich allein auf das Weiche und Schwache. Kurze Erwähnungen wie diese beziehen sich auf eine Lehre, die dem Laozi zugeschrieben und im *Daode jing* dargelegt wurde. Das *Daode jing* oder dessen Lehre war zu jener Zeit also schon in einigen Kreisen bekannt.

Die Lehren des *Zhuangzi* und des *Daode jing* stellten zwei unter vielen weiteren »philosophischen« Lehren dar. Alle einzelnen Richtungen führten ihre Ideen auf einen bedeutenden Urheber zurück. Dass nun Laozi als der Verfasser des *Daode jing* auftritt, bedeutet jedoch nicht zwangsläufig, dass er tatsächlich gelebt hat. Es ist durchaus vorstellbar, dass die daoistischen Kreise um das *Daode jing* ihn einfach »erfunden« und eingesetzt haben, weil sie ihrer Schule mehr Gewicht verleihen wollten, indem sie sich einen bedeutenden Begründer »zulegten«. Auch im späteren Daoismus war es ja durchaus üblich, legendäre Personen wie etwa Unsterbliche als Autoren von Schriften zu nennen.

Ein anderer bemerkenswerter Punkt in Sima Qians Laozi-Biografie ist die Erwähnung zweier weiterer Männer mit ähnlichem Namen, die möglicherweise Laozi gewesen sein sollen. Einer von ihnen hieß Laolaizi, stammte ebenfalls aus Chu, war ein Zeitgenosse Konfuzius' und verfasste ein Buch über die Praxis der daoistischen Schule – das schreibt jedenfalls Sima Qian. Es hat sich jedoch erwiesen, dass hier eine Verwechslung vorliegt: Laolaizi war ein anderer legendärer Daoist, der dem daoistischen Ideal entsprechend das entbehrungsreiche Leben eines Einsiedlers einem Ruhm verheißenden Staatsposten vorzog.[3]

Der zweite Mann, ein gewisser Dan, war nach den Angaben verschiedener Historiographen Großastrologe in Zhou und reiste 129 Jahre nach Konfuzius' Tod in den Westen des Landes, wo er dem Herrscher von Qin dessen zukünftige Vormachtstellung im Reich prophezeite. Ob dieser Mann wirklich Laozi war, kann selbst Sima Qian nicht feststellen: »Einige sagen, Dan war Laozi, andere sagen, er wäre es nicht gewesen. In unserer Zeit weiß niemand, ob er es war oder nicht.« Wenn Laozi Konfuzius getroffen und noch 129 Jahre nach dessen Hinscheiden gelebt haben sollte, müsste er allerdings ein sehr hohes Alter erreicht haben. Dieses Problem hat wohl auch die damaligen Geschichtsschreiber beschäftigt. So erwähnt Sima Qian, Laozi sei 160 oder gar 200 Jahre alt geworden.

Die Untersuchung Grahams zeigt, dass Laozis offizielle Biografie in den *Historischen Aufzeichnungen* mit großer Wahrscheinlichkeit aus unterschiedlichen Quellen gespeist wurde und in mehreren Etappen entstand. So stammt die Geschichte von der Begegnung mit Konfuzius aus konfuzianischen Kreisen. Sie zeigt einen Konfuzius, der demütig Unterweisungen von dem ihm überlegenen Laozi annimmt, und wurde wohl ersonnen, um Konfuzius' große Bescheidenheit deutlich zu machen. In der Zeit, in der das *Daode jing* kompiliert wurde, brauchten die Anhänger dieser Lehre einen Begründer, und so setzten sie Laozi ein. Der erste Kaiser Chinas stammte aus Qin – jenem Staat also, dessen Vormachtstellung der Großastrologe Dan im Jahr 374 v. Chr. vorhergesagt hatte. Zur Zeit dieses Kaisers galt Laozi als wichtiger politischer Denker und wurde daher mit dem Großastrologen Dan gleichgesetzt. Um diese Identifizierung glaubhaft zu machen, schrieb man Laozi eine ungewöhnlich lange Lebenszeit zu. Laozis Reise in den Westen schließlich wurde erfunden, um die Frage beantworten zu können, was mit ihm am Ende geschehen sei. Denn Laozi hatte ja weder gelebt, noch war er gestorben. Und so gab es natürlich auch kein Grab. [4]

Laozis offizielle Biografie enthält also keine historisch verifizierbaren Fakten über das Leben des Alten Meisters. Als Ausgangsmaterial mussten vielmehr Erzählungen sowie kurze Bemerkungen und Geschichten in konfuzianischen und daoistischen Schriften herhalten, die das Ziel hatten, einer bestimmten Meinung Ausdruck zu verleihen. Außerdem ist zu beachten, dass die Biografie etwa 400 Jahre nach Laozis angeblicher Lebenszeit niedergeschrieben wurde. Während dieser langen Zeit könnten leicht Vermischungen von Personen und Ereignissen, von Geschichte und Legende stattgefunden haben. Es könnten Fakten verändert oder fantasievoll angereichert worden sein.

Bis zum Beginn des ersten Jahrhunderts v. Chr. war Laozi bekannt als Archivar unter den Zhou, der das Dao und die Tugend pflegte; ferner als Philosoph, der auf seiner Reise in den Westen das *Daode jing* übermittelte, als zurückgezogener Weiser, der Ratsuchende unterwies, und als der Lehrer des Konfuzius. Die Begegnung zwischen den beiden großen Weisen Chinas wird in der Literatur häufig geschildert und spielt auch in Laozis Lebensgeschichte eine wichtige Rolle, weshalb sie auch hier besondere Erwähnung finden soll.

LAOZI UND KONFUZIUS

Der Schilderung des Treffens zwischen Laozi und Konfuzius widmet Sima Qian in der Biografie erstaunlich viel Raum. Sie lässt sich in Kürze folgendermaßen zusammenfassen: Konfuzius reist nach Zhou, um Laozi über die altüberlieferten Riten zu befragen. Laozi antwortet ihm sinngemäß, diese Riten seien längst nur mehr äußere, sinnentleerte Hüllen. Ein wahrer Weiser dagegen, der innerlich tugendhaft sei, erscheine nach außen hin wie ein Narr. Und er rät Konfuzius, sein stolzes Gehabe und vielfältiges Verlangen einfach aufzugeben. Konfuzius reist ab und berichtet später seinen Schülern von dem Treffen mit Laozi, das bei ihm einen tiefen Eindruck hinterlassen hat. Die Tiefgründigkeit des Alten Meisters erscheint ihm so unerreichbar, dass er ihn mit einem Drachen vergleicht, der auf Wind und Wolken reitet und in den Himmel aufsteigt.

Dieser Vergleich gereicht Laozi ungemein zur Ehre. Denn in China gilt der Drache als eine besondere Kreatur, gewissermaßen als ein Wunderwesen, das die Fähigkeit hat, sich zu verwandeln. Das gutartige Tier repräsentiert eine universelle schöpferische Lebenskraft und ist seit der Han-Zeit (206 v. Chr. – 220 n. Chr.) das Symbol der Kaiser. Konfuzius betont in dieser Geschichte ausdrücklich die geistige Überlegenheit Laozis, die zu erfassen er nicht in der Lage sei. Erstaunlich ist, dass diese Geschichte konfuzianischen Kreisen entstammt. Bereits seit dem vierten Jahrhundert v. Chr. waren solche Geschichten unter den Konfuzianern in Umlauf. Sie dienten, wie bereits erwähnt, dazu, Konfuzius' Anhängern die Bescheidenheit und Lernbereitschaft ihres Meisters vor Augen zu halten.

Im konfuzianischen *Buch der Riten* (*Liji*) von der Wende vom zweiten zum ersten vorchristlichen Jahrhundert wird Laozi als ein Experte für Begräbnisriten dargestellt, den Konfuzius mehrfach konsultiert. Er ist nicht nur der Ältere von beiden, sondern auch Konfuzius' Lehrer. Das Bemerkenswerte an seiner Darstellung ist die Charakterisierung Laozis als Ritenspezialist.

Konfuzius und der Konfuzianismus

Konfuzius (551–479 v. Chr.) ist der Begründer des Konfuzianismus, einer ethisch-moralischen Lehre, die das Staatswesen ebenso wie die Gesellschaft Chinas tiefgehend durchdrungen hat. Die fünf Kardinaltugenden (Mitmenschlichkeit, Sittlichkeit, Rechtschaffenheit, Vertrauenswürdigkeit, Weisheit), das unermüdliche, individuelle Streben nach Selbstverbesserung sowie die Ordnung des sozialen und religiösen Lebens durch festgelegte Riten und Verhaltensregeln stellte Konfuzius ins Zentrum seiner Lehre. Herrschen sollten seiner Anschauung nach jene Männer, die sich durch vollendete Tugendhaftigkeit auszeichneten. Die mythischen Kaiser der goldenen Vorzeit betrachtete er diesbezüglich als die eigentlichen Vorbilder.

Zu seinen Lebzeiten hatte Konfuzius' Lehre wenig politischen Einfluss. Doch etwa 300 Jahre nach seinem Tod wurde der Konfuzianismus, verbreitet durch zahlreiche Schüler, zur tragenden chinesischen Staatsphilosophie – und das blieb er während beinahe der gesamten chinesischen Geschichte.

Sinn der zahlreichen seit alters überlieferten Riten war es, die Ordnung des gesellschaftlichen und religiösen Lebens zu gewährleisten. Die Riten zu verstehen und sie zu befolgen gehörte zu den Grundfesten des damaligen Konfuzianismus. Bei den Daoisten spielten die Riten jedoch keine Rolle. Im Gegenteil, sie wurden von ihnen als etwas Künstliches abgetan, das dem zutiefst natürlichen und damit »guten« Ablauf des kosmischen Geschehens zuwider lief und es beeinträchtigte. Das *Buch der Riten* führt uns somit eine konfuzianische Interpretation des Laozi vor Augen.

Ebenso wie in den konfuzianischen sind auch in daoistischen Kreisen Geschichten über ein Zusammentreffen von Laozi und Konfuzius überliefert. Im Buch *Zhuangzi* sucht Konfuzius den Laozi mehrmals auf, um Unterweisungen zu empfangen. Die Themen der Belehrungen sind unterschiedlich. So werden etwa die konfuzianischen Tugenden angesprochen, die Konfuzius ungemein wichtig sind, deren Bedeutung Laozi allerdings sogleich abtut. Konfuzius solle besser dem Dao folgen, als krampfhaft Tugenden zu predigen, meint Laozi. Ein anderes Mal fragt Konfuzius den Laozi nach dem Dao. Laozi rät ihm zunächst, Herz und Geist zu reinigen und vom Wissen Abstand zu nehmen. Dann erläutert er ihm ausgiebig das Dao. Bei einer Gelegenheit greift Laozi die Auffassungen Konfuzius' sogar heftig an und beschimpft ihn als unbegabt, einsichtslos und überheblich. Ungeachtet dessen gibt er ihm daoistische Weisheit mit auf den Weg, die Konfuzius zwar zutiefst beeindruckt, die er aber nicht in die Praxis umzusetzen vermag.

ZHUANGZI

Das Buch *Zhuangzi* wird traditionell dem Zhuang Zhou (um 320 v. Chr.) zugeschrieben. Es ist jedoch eine Kompilation daoistischer Texte aus dem späten vierten bis frühen zweiten Jahrhundert v. Chr. Nur die ersten sieben »Inneren Kapitel«, das heißt die früheste Textschicht, gehen auf Zhuang Zhou oder dessen direkte Schüler zurück.

Zhuangzi gehört zu den großen Werken der Weltliteratur und wurde in viele Sprachen übersetzt. Anhand von Parabeln, Metaphern und kurzen Abhandlungen gewährt dieses Buch tiefe Einblicke in die daoistische Weltsicht der damaligen Zeit. Es ist außerordentlich fantasievoll und tiefgründig und von hohem literarischen Wert.

Den Darstellungen im Buch *Zhuangzi* zufolge begegnen sich zwei völlig unterschiedliche Männer: Der zurückgezogen lebende Daoist Laozi steht dem gesellschaftlichen Leben und seinen Normen fern, ist aber überaus weise. Konfuzius dagegen lebt mitten in der Gesellschaft, versucht diese anhand von Tugenden zu ordnen und bedient sich dabei auch der Gelehrsamkeit. Er ist unfähig, die daoistische Lebensweise zu praktizieren, obwohl er deren Größe erkennt. Ergeben nimmt er Laozis Belehrungen entgegen. Laozi ist nicht nur der überragende Mensch und Meister, sondern vertritt auch die überlegenere Lehre. Konfuzius dagegen, dessen Lehre in den Augen der Daoisten mehr Schaden als Nutzen bringt, erscheint zwar als demütiger, aber in seinen Fähigkeiten begrenzter Schüler. Die Darstellungsweise im Buch *Zhuangzi* lässt somit klar die daoistische Bemühung erkennen, die eigene Lehre gegenüber dem Konfuzianismus abzugrenzen und sie als die wirksamere und bessere hervorzuheben.

Kurzum: Weder den Konfuzianern noch den Daoisten ging es bei ihren Darstellungen darum, ein möglichst authentisches Bild historischer Persönlichkeiten zu liefern. Vielmehr erzählten sie die Geschichte von Laozi und Konfuzius auf eine Weise, die jeweils der eigenen Gemeinschaft dienlich war.

LEGENDEN VON LAOZIS GEBURT

Im Laufe der Zeit rankten sich immer mehr Legenden um Laozi. Es ist ein typisches Merkmal von Legenden, dass sie weitaus besser als historische Fakten die Verehrung widerspiegeln, die einem Heiligen, einem Gott oder einem besonderen Menschen entgegengebracht wird. Sehr häufig und in allen Kulturen beschreiben solche Geschichten die Zeugung und Geburt bedeutender religiöser Gestalten als Ereignisse unter außergewöhnlichen Begleitumständen. Bei Laozi ist es nicht anders.

So erzählt eine berühmte Legende, dass Laozis Mutter durch die Berührung mit einem Meteoriten schwanger wurde. Auf diese Weise empfing Laozi unmittelbar die Lebenskraft des Himmels. Aber er erschien in Menschengestalt in der Familie Li und nahm deshalb den Nachnamen Li an. Laozis Mutter trug ihren Sohn 72 Jahre lang unter dem Herzen. Als der Zeitpunkt der Geburt gekommen war, öffnete sich ihre linke Achselhöhle, und ein Kind trat hervor, dessen Haar bereits weiß geworden war. Daher wurde es Laozi, »altes Kind« genannt. Neben »alter Meister« kann »Laozi« auch diese Bedeutung annehmen.

Einer anderen Legende zufolge war Laozis Geburt als Sohn von Frau Li seine zweite Geburt, nämlich seine Inkarnation auf der Erde. Denn Laozi war bereits vor der Entstehung der Welt ins Dasein getreten, und zwar durch die Verschmelzung kosmischer Energien. Zuerst entstand inmitten der Leere das Nichtseiende. Das Nichtseiende verwandelte sich in drei Energien, in die geheimnisvolle, die ursprüngliche und die anfängliche Energie. Diese brachten die Jadedame des geheimnisvollen Wunderbaren hervor. Dann verschmolzen die Energien ein zweites Mal und erzeugten Laozi, der aus der linken Armhöhle der Jadedame hervortrat. Nach seiner kosmischen »Geburt« als himmlisches Wesen erschuf Laozi die Welt, in der er dann später selbst erschien. Er verwandelte seine bisherige Gestalt in den Leib seiner Mutter Li und ging als Embryo in ihn ein. So trug er sich selbst aus. Im Mutterleib rezitierte er fortwährend die heilige *Schrift von den drei Terrassen*, bis er nach 81 Jahren als Kind mit weißem Haar die linke Achselhöhle seiner »Mutter« öffnete und durch sie auf die Welt kam.[5]

Diese Legende aus dem vierten Jahrhundert n. Chr. bringt verschiedene Vorstellungen zum Ausdruck, die zu jener Zeit schon fest mit Laozi verbunden waren. Zunächst war Laozi als Philosoph, als Autor des *Daode jing* und als weiser Daoist bekannt. Doch im Laufe der Jahrhunderte entfaltete sich das Laozi-Bild immer weiter. Die Daoisten erkannten in ihm den Meister par excellence, einen Unsterblichen und einen Gott.

DER MEISTER

Schon früh tritt Laozi als Lehrer auf. Doch er erteilt nur gelegentlich Unterweisungen, meistens eben dann, wenn die Menschen mit Fragen zu ihm kommen. Anders als Konfuzius gilt er in den frühen philosophischen und geschichtlichen Werken nicht als ein Lehrer oder Meister, der einen oder mehrere Schüler permanent unterrichtet. Doch etwa seit dem ersten Jahrhundert v. Chr. beschreiben Heiligenbiographien, wie Laozi in einer »klassischen« Meister-Schüler-Beziehung einem anderen Menschen die Lehre überliefert und ihn auf seinem geistigen Weg unterstützt.

Liu Xiang (77–6 v. Chr.) hat in seinem Buch *Berichte über das Leben Unsterblicher* (*Liexian zhuan*) verschiedene Hagiographien aufgezeichnet, unter anderem die von Laozi und dem Passwächter Yin Xi. In letzterer lesen wir, dass Yin Xi schon im Vorhinein wusste, dass ein Weiser sich auf den Weg zum Grenzpass begeben hatte. Als Vorzeichen ihrer Begegnung hatte sich eine purpurfarbene Wolke am Himmel gebildet, die Yin Xi richtig zu deuten wusste. So wie der Passwächter ohne Zweifel den Laozi als einen wahren Menschen und Meister erkannte, so nahm natürlich auch Laozi unmittelbar die besonderen Anlagen des Passwächters wahr und überlieferte ihm daher das *Daode jing*.

Fünf Jahrhunderte später greift eine andere Schrift dasselbe Meister-Schüler-Motiv auf. Das *Buch vom westlichen Aufstieg* (*Xisheng jing*) enthält mündliche Unterweisungen des Laozi an Yin Xi. Es erzählt, dass der Passwächter den Laozi um Unterweisung bittet, woraufhin Laozi das *Daode jing* niederschreibt. Im Weiteren belehrt der Alte Meister den Passwächter mündlich und trägt ihm auf, sich auch praktisch in der Vervollkommnung seiner selbst zu üben. Sogleich legt Yin Xi sein Amt nieder und widmet sich fortan nur noch der Meditation und der Rezitation des *Daode jing*. Laozi steht ihm weiterhin als Meister zur Seite, entschließt sich dann aber zum Rückzug aus der gewöhnlichen Welt. Er entschwindet so, wie das vollkommene Unsterbliche tun: Er steigt in den Himmel auf. Verzweifelt bittet Yin Xi seinen Meister, wenigstens ein einziges Mal zurückzukommen. Schwebend und leuchtend erscheint Laozi seinem Schüler ein letztes Mal mit den Worten: »Wahre das Eine, und alles ist wohlgetan.« Yin Xi kappt alle noch verbleibenden sozialen Bindungen und begibt sich aus ganzem Herzen auf den Weg der Unsterblichkeit.[6]

Diese Geschichte zeigt das gegenseitige Erkennen von Meister und Schüler und die aufrichtige Erfüllung ihrer jeweiligen Pflichten. Laozi weiß genau, was sein Schüler benötigt, und vermittelt ihm ebendies. Yin Xi wiederum ist ein ergebener Schüler, der mit vollem Einsatz seinem Meister folgt und schließlich selbst zu einem hohen Vollendungsgrad gelangt.

Der Mythos von Laozi als vollkommenem Lehrer und seinem gewissenhaften Schüler Yin Xi wurde immer weiter ausgebaut. So ist in Yin Xis Biografie aus dem siebten Jahrhundert n. Chr., die in der Enzyklopädie *Perlenbeutel der drei Höhlen* (*Sandong zhunang*) aufgezeichnet wurde, die folgende Version derselben Geschichte verzeichnet:

Laozi kommt auf seiner Reise in den Westen an den Pass, wo ihn Yin Xi um geistige Belehrung bittet. Zunächst gibt sich Laozi als armer und einfältiger Bauer aus. Als Yin Xi jedoch immer weiter drängt, fordert Laozi ihn auf, zu sagen, warum er dem Weg des Dao folgen wolle und wie er Laozis wahre Natur erkannt habe. Yin Xi gibt ausführliche Erklärungen ab, in denen er auch sein aufrichtiges Bedürfnis zum Ausdruck bringt, das Dao zu erkennen. Als Laozi seinen tiefen Wunsch und seine feste Entschlossenheit sieht, akzeptiert er ihn als Schüler. Er überliefert ihm das *Daode jing* und andere Texte, unterrichtet ihn und vermittelt ihm praktische Methoden der Selbstvervollkommnung. Dann weist er Yin Xi an, drei Jahre intensiv zu üben, und zieht sich zurück – jedoch nicht ohne ein Treffen nach Ablauf der drei Jahre zu versprechen.

Yin Xi widmet sich während des vereinbarten Zeitraums ausschließlich der daoistischen Praxis. Danach macht er sich auf, um seinen Meister wiederzusehen, der in Chengdu bei einer Familie wohnt. Laozi überprüft die Fortschritte des Schülers und befindet ihn für würdig, in den Rang eines Unsterblichen aufgenommen zu werden. Er bestellt eine himmlische Prozession, die ihm offiziell die entsprechende Kleidung sowie Namen und Rang eines Unsterblichen verleiht. Dann nimmt Laozi Yin Xi mit auf eine Reise durch das Universum, auf der sie auch die Gefilde der Unsterblichen aufsuchen. Schließlich begeben sich beide zu den Barbaren außerhalb Chinas, um sie zur Lehre des Dao zu bekehren.[7]

Zu der Zeit, als diese Geschichte geschrieben wurde, war Laozi schon als Unsterblicher und als Gott in die daoistische Glaubenswelt eingegangen. Was nun die Beziehung zwischen Meister und Schüler angeht, so zeigt sich hier ein charakteristischer Aspekt: Bevor nämlich jemand als Schüler eines großen Meisters angenommen wird, muss er sein aufrichtiges Verlangen, seine Ernsthaftigkeit in der Bemühung und seine Bereitschaft beweisen, sich völlig der Suche und dem mit ihr verbundenen Weg zu verschreiben. Der Meister stellt ihn dabei auf die Probe und überprüft auch später seine Fortschritte, wenn er ihn als Schüler angenommen hat.

Erzählungen wie diese stellen Laozi als Urbild des vollendeten Meisters und Yin Xi als den Schüler par excellence dar: Es handelt sich hier also um eine beispielhafte Meister-Schüler-Beziehung, die nachfolgenden Gläubigen über Generationen hinweg als Vorbild diente.

DER UNSTERBLICHE

Die Suche nach Unsterblichkeit durchzieht den Daoismus als zentrales Thema von Anbeginn bis heute. Sie ist ein Ausdruck des tief im Menschen verwurzelten Bedürfnisses nach Transzendenz. Unsterblichkeit stellt das höchste Ziel der Daoisten dar und bedeutet, mit dem ewigen Dao eins zu werden. Um dieses Ziel zu erreichen, wurden unterschiedliche Praktiken entwickelt, zum Beispiel Atem- und Körperübungen zur Aufnahme und Umwandlung der Lebensenergie oder verschiedene Meditationsformen. Die Unsterblichkeit wird bei den Daoisten unterschiedlich verstanden: Entweder ist damit die körperliche Unsterblichkeit gemeint oder die Entfaltung eines unvergänglichen inneren Wesens, der Spur des Dao in einem selbst.

Der Daoismus kennt als pantheistische Religion Tausende von Göttern und eine Vielzahl Unsterblicher. Neben ausgefeilten Theorien und Praktiken, die man entwickelte, um Unsterblichkeit zu erlangen, und die eher unter den gelehrten Daoisten, bei Einsiedlern oder auch in Klöstern lebendig waren, entstand im Volksglauben ein reiches Legendentum. Geschichten über das Leben und die Wundertaten berühmter Unsterblicher gehören darum bis heute zum chinesischen Volksgut.

Schon vor dem vierten Jahrhundert v. Chr. gab es in China Menschen, die ihr Leben der Suche nach Langlebigkeit oder Unsterblichkeit widmeten. Bewandert in Disziplinen wie Astrologie, Geomantik, Medizin, Weissagung, Exorzismus und Magie wurden sie »Meister der Techniken« (*fangshi*) genannt. Auch übten sie Methoden zur Bewahrung und Verlängerung des Lebens, die so genannten Praktiken der »Lebenspflege« (*yangsheng*). Als Ritualkundige wurden die Meister der Techniken zu offiziellen Zeremonien hinzugezogen. Viele von ihnen waren an den Höfen von Aristokraten tätig und standen in späteren Jahrhunderten auch im Dienst der Kaiser.

VORBILD FÜR DIE UNSTERBLICHKEITSSUCHER

Zahlreiche Elemente der Praxis der Meister der Techniken gingen in die verschiedenen daoistischen Traditionen ein, wo sie weiterentwickelt wurden und neben den Lehren des *Daode jing* eine wichtige Säule der religiösen Praxis bildeten. Hierbei wurde das *Daode jing* nicht mehr nur als philosophischer Text oder politischer Ratgeber verstanden: So galten einige Textpassagen als Hinweise auf die Lebenspflege – darunter etwa die Anweisung, »das Herz zu leeren und den Bauch zu füllen«. Sie kann dahingehend gedeutet werden, dass man sich von jeglichem Verlangen, von Gedanken und Emotionen frei machen und im vitalen Zentrum des Bauchbereichs die Lebensenergie speichern und nähren soll.

Die Unsterblichkeitssucher waren die Ersten, die in Laozi einen Unsterblichen sahen, also jemanden, der ihre Lehre und Praxis bis zur Vollendung verwirklicht hatte. Es entstand allmählich das Bild von Laozi als einem Menschen, der über die gewöhnliche sterbliche Welt hinausgelangt war, indem er mit Eifer und Hingabe die Praktiken der Lebenspflege geübt hatte. So konnte er mit dem Dao eins werden und weilte seither als Unsterblicher in himmlischen Gefilden. Laozi verkörperte denjenigen Zustand, nach dem die Unsterblichkeitssucher innigst strebten. Er wurde ihr Vorbild, bezeugte er doch durch sein Leben in vollkommener Weise die Wirksamkeit der Lebenspflege.

Zu jener Zeit hatte Laozi zwar noch nicht den Status eines Gottes inne, war aber auch nicht mehr »nur« Philosoph oder Lehrer. Alle Qualitäten, die daoistischer Anschauung nach einem Unsterblichen eigen sind, wurden Laozi zugeschrieben: So lebte er schon Hunderte von Jahren, hatte die völlige Kontrolle über Leben und Tod, konnte die Zukunft vorhersagen und zauberkräftige Schrifttalismane wirksam einsetzen.[8] Von der späten Tang-Zeit (618–907) an sprechen Schriften auch davon, dass Laozi konkrete Übungen der Lebenspflege überliefert oder geschaffen hat.[9]

Das heutige Qigong (Ch'i-kung) geht auf die alte Tradition der Lebenspflege zurück. Es wird zwar in den meisten Fällen – losgelöst von seinem religiösen Hintergrund – aus gesundheitlichen Gründen geübt, doch Leitworte wie »die Rückkehr zum Ursprung«, die aus dem *Daode jing* stammen, sind auch tragende Säulen des Qigong. Laozi gilt den Übenden als Überlieferer des *Daode jing*, das die Basis für die praktischen Übungen schuf. In seiner Betonung der Stille wird er als Meditationslehrer verstanden. Er repräsentiert den idealen Meister in einer Meister-Schüler-Beziehung und ist ein Vorbild für das, was durch die Lebenspflege erreicht werden kann. Im Allgemeinen jedoch werden bedeutende lebende oder verstorbene Qigong-Meister als wichtiger erachtet.

BERICHTE ÜBER DEN UNSTERBLICHEN LAOZI

Die Schriften bezeugen Laozis Unsterblichkeit erstmals im ersten Jahrhundert v. Chr., so etwa seine Lebensbeschreibung in den *Berichten über das Leben Unsterblicher* (*Liexian zhuan*). Ihr zufolge wurde Laozi in der Shang-Dynastie (1766–1122 v. Chr.) geboren, arbeitete unter den Zhou als Archivar, war der Meister von Konfuzius (551–479 v. Chr.) und begab sich später in den Westen. Laozi muss demnach schon damals etliche Jahrhunderte gelebt haben. Es heißt weiter, dass Laozi die Essenz und die Lebensenergie nährte und dafür sorgte, dass sie sich nicht zerstreuten. Die Anreicherung und Bewahrung von vitalen Kräften galt und gilt damals wie heute als eine Vorbedingung für die Unsterblichkeit. Denn eine Fülle von Vitalkräften bedeutet Leben, deren völliger Verlust dagegen Tod.

Ein anderes wichtiges Dokument zur Unsterblichkeit von Laozi findet sich in den *Biografien geistiger Unsterblicher* (*Shenxian zhuan*) von Ge Hong (261–341).[10] Ge Hong war Aristokrat und Gelehrter, der ein großes Interesse am Daoismus und den Langlebigkeitspraktiken hatte und diese ausführlich in seinem berühmten Werk *Der*

Meister, der die Schlichtheit umfasst (*Baopuzi*) besprach. Ge Hong stammte aus Südchina, wo seinerzeit die Tradition der Meister der Techniken sehr lebendig war. So waren etwa auch einige seiner Vorfahren berühmte Meister der Techniken gewesen.

Ge Hong verweist auf verschiedene Legenden, historische »Fakten« und Meinungen, die damals kursierten. Ausführlich berichtet er auch über ein Treffen von Laozi und Konfuzius. Als Wissenschaftler vergleicht er die Aussagen verschiedener Texte und relativiert Legendäres. Einer eigenen Meinung enthält er sich nicht, wobei deutlich wird, dass er den Daoismus befürwortet und fest an Laozis Unsterblichkeit glaubt.

Ge Hong vermittelt folgendes Bild des Alten Meisters: Den Erzählungen seiner Anhänger nach ist Laozi ein außergewöhnliches Wesen. Im Laufe der Jahrhunderte erschien er mehrfach auf der Erde, wobei er unterschiedliche Namen annahm. Unter dem Namen Li kam er durch eine wundersame Geburt als Greisenkind zur Welt. Ge Hong hält Laozi allerdings nicht für ein »göttliches« Wesen, sondern für einen Menschen, der durch daoistische Praxis und Übungen der Lebenspflege nicht nur bereits Hunderte von Jahren lebte, sondern auch das Dao erlangte. Eben weil er als Mensch und nicht als Wunderwesen Großes erreicht habe, so Ge Hong, könne er auch andere Menschen dazu inspirieren, es ihm gleichzutun.

Des Weiteren wird auf der Grundlage mehrerer Schriftquellen Laozis Aussehen beschrieben: Sein Gesicht ist gelblich-weiß. Er hat schöne Augenbrauen, lange Ohren und große Augen. Die Schneidezähne in seinem viereckigen Mund stehen auseinander. Linien durchfurchen seine breite Stirn, auf der sich ebenfalls zwei Knochenausbuchtungen befinden, nämlich das Sonnen- und das Mondhorn – Kennzeichen dafür, dass er vom Himmel für etwas Besonderes auserwählt worden sei. Laozi ist von Beginn an mit überdurchschnittlichen geistigen Fähigkeiten begabt und hat sein ganzes Streben auf die Gewinnung der Unsterblichkeit gerichtet, die er auch erlangt. Ge Hong schreibt:

> Laozi war friedfertig und ruhig. Er war frei von Verlangen und widmete sich nur der Langlebigkeit. Deshalb war es so, dass er zwar lange Zeit in Zhou lebte, aber niemals nach Ruhm strebte. Es war ihm nur daran gelegen, sein Licht mit der irdischen Welt in Harmonie zu halten und sein inneres Wesen sich natürlich entfalten zu lassen. Als er das Dao vollendet hatte, verließ er die Welt. Fürwahr, er ist ein Unsterblicher![11]

Am Ende der Hagiographie rühmt Ge Hong das *Daode jing* als eine sprudelnde Quelle, die dem Universum entspringt und mit ihrer Lehre alles auf ewig befruchtet. Auch führt er mehrere Persönlichkeiten aus dem Kaiserhaus an, die aus diesem Buch Inspiration für die Regierung und sich selbst schöpften und daher im Land sehr segensreich wirkten. In diesem Zusammenhang hebt er die daoistische Tugend hervor, nach einem verdienstvollen Leben in der Welt auf Ruhm und Wohlstand zu verzichten und sich in der Zurückgezogenheit der Verlängerung des Lebens zu widmen.

Im Hinblick auf die Unsterblichkeit Laozis spielt auch seine Reise in den Westen eine wichtige Rolle. Denn daoistischer Anschauung nach sind die Paradiese der Unsterblichen im Westen der Welt angesiedelt, so etwa der mythische Berg Kunlun, der die Weltachse darstellt. Bei Ge Hong heißt es explizit, dass Laozi sich nach Westen aufmachte, um diesen Berg zu ersteigen. In den *Histori-*

SCHRIFTTALISMANE

Schrifttalismane (*fu*) werden mindestens seit dem zweiten Jahrhundert v. Chr. bis heute bei Ritualen und Meditationen gebraucht. Sie sind wirkkräftige, zumeist auf Papier geschriebene (Schrift-)Zeichen, die beispielsweise zur Heilung und zum Schutz vor Unheil bringenden Einflüssen eingesetzt werden. Schrifttalismane werden auf eine rituell vorgeschriebene Weise angefertigt und verwendet. Sie gelten als wichtiges Verbindungsglied zwischen der Götter- und der Menschenwelt.

schen Aufzeichnungen beispielsweise finden wir einen solchen Hinweis nicht.

Laozis Reise in den Westen, vor allem sein Halt am Grenzpass, entwickelte sich zum Motiv zahlreicher Geschichten. So verbindet etwa Ge Hong mit Laozis Reise eine Begebenheit, die klar zum Ausdruck bringt, dass der Unsterbliche als Herr über Leben und Tod betrachtet wurde und mittels Schrifttalismanen Menschen Leben geben und nehmen konnte.

DIE LEGENDE VON LAOZI UND XU JIA

Vor langer Zeit schon hat Laozi einen kleinen Jungen namens Xu Jia zu einem Tagelohn von 100 Kupfermünzen eingestellt. Als sich Laozi in Richtung Westen aufmacht, begleitet ihn Jia, der inzwischen zum Mann herangewachsen ist. Da Laozi ihn niemals entlohnt hat, beläuft sich seine Schuld inzwischen auf 7 200 000 Münzen. Im Zhongnan-Gebirge am Hangu-Pass angekommen, merkt Jia, dass Laozi China verlassen will, und fordert sein Geld ein. Aber er bekommt es nicht.

All dies vernimmt ein Dienstmann, der Jia sogleich auffordert, sich beim Passwächter Yin Xi zu beschweren. Gleichzeitig bietet er Jia, dem ja ein enormes Vermögen winkt, seine Tochter zur Gemahlin an. Angesichts der Schönheit der jungen Frau stimmt Jia hocherfreut zu. Als Jia und der Dienstmann Laozi beim Passwächter anklagen, ist dieser sehr bestürzt und führt die beiden zum Alten Meister.

Eindringlich spricht Laozi mit Jia und hält ihm vor Augen, dass er nunmehr über 200 Jahre in seinen Diensten stehe und längst gestorben wäre, wenn er ihm nicht mit Hilfe des »großen geheimnisvollen wahren Schrifttalismans« Langlebigkeit verliehen hätte. Dann weist er Jia an, seinen Mund zu öffnen. Der Schrifttalisman gleitet zu Boden – seine Schriftzeichen sind immer noch so deutlich wie am ersten Tag zu erkennen –, und Jia zerfällt zu einem Häuflein Knochen.

Erschrocken bittet der Passwächter Laozi, Jia doch wieder zum Leben zu erwecken, denn er weiß, dass Laozi als Unsterblicher dazu fähig ist. Auch verspricht er, Laozis Schuld an dessen Stelle zu begleichen. Im Nu macht der Alte Meister seinen Begleiter wieder lebendig, indem er den Talisman auf dessen Knochen legt. Yin Xi zahlt Jia aus und schickt ihn weg. Dann ersucht der Passwächter Laozi um Unterweisung. Laozi übermittelt ihm das *Daode jing*. Fortan orientiert Yin Xi sein Leben an den Lehren dieses Buches, und so erlangt auch er schließlich Unsterblichkeit.[12]

DER GOTT: »HÖCHSTER HERR LAO«

Der Daoismus zählt neben dem Konfuzianismus – einer ethischen, auf das Diesseits ausgerichteten Lehre – und dem Buddhismus, der im ersten Jahrhundert n. Chr. von Indien nach China kam, zu den drei großen Lehren Chinas. Der Daoismus ist die einheimische Religion Chinas, die Götter, Unsterbliche und Geister kennt. Mit Tausenden von Göttern ist das daoistische Pantheon äußerst umfangreich und wurde im Laufe der Geschichte mehrfach erweitert. Die einzelnen Götter unterscheiden sich in Rang und Aufgabe, sind jedoch alle aus der undifferenzierten Einheit des Dao hervorgegangen und stellen unterschiedliche Ausprägungen der universellen Lebensenergie dar.

Laozi selbst wird seit dem zweiten Jahrhundert n. Chr. als Gott verehrt.[13] Als solcher heißt er nicht mehr Laozi, sondern Laojun, was im Folgenden mit »Höchster Herr Lao« übersetzt wird. Unter dem Namen »Himmlischer Ehrwürdiger des Dao und seiner Wirkkraft« ging er im sechsten Jahrhundert n. Chr. als einer der drei höchsten Götter ins daoistische Pantheon ein. Zu dieser Triade, den »Drei Reinen«, gehören außerdem der Himmlische Ehrwürdige des Uranfangs und der Himmlische Ehrwürdige des Numinosen Juwels.

LAOZI WIRD ALS GOTT ERKANNT

Im Jahr 165 n. Chr. reiste Kaiser Huan (147–167) nach Bozhou (dem heutigen Luyi in Henan), wo der historischen Überlieferung nach Laozi geboren worden sein soll. Dort hatte der Kaiser schon in den ersten Jahren seiner Regierungszeit einen Tempel für Laozi bauen lassen, in dem er nun dem Laozi durch ein Opfer als Gott huldigte. Dieses Opfer galt nicht nur als Zeichen persönlicher Ehrerbietung, sondern auch als offizielle Anerkennung der Göttlichkeit Laozis. Später wurde der Tempel zur bedeutendsten Stätte der Verehrung des Gottes, des Höchsten Herrn Lao.

Zu dem besonderen Anlass des kaiserlichen Opfers wurde die *Inschrift für Laozi* (*Laozi ming*) verfasst.[14] Durch sie wissen wir, dass in jener Zeit die Verehrung des Höchsten Herrn Lao schon bis an den Kaiserhof vorgedrungen war. Zwar waren die früheren Kaiser sowie Adlige hohen Ranges durch die Lektüre des *Daode jing* und daoistische Berater mit Laozis Ideen durchaus vertraut, und einige von ihnen hatten auch versucht, die im *Daode jing* dargelegten Prinzipien des rechten Regierens in die Tat umzusetzen. Doch nun geschah es zum ersten Mal, dass ein Kaiser Laozi als Gott ehrte, indem er ein religiöses Ritual abhielt.

Die Inschrift zu Ehren Laozis wirft ein Licht auf die damaligen Vorstellungen über den göttlichen Laozi. Zunächst einmal wird der Höchste Herr Lao als eine kosmische Kraft verstanden, die direkt aus dem gestaltlosen Urchaos, dem Dao, hervorging. Er ist das zur »Person« gewordene überpersönliche Dao. Und wie jeder Gott hat auch der Höchste Herr Lao seinen Platz im Universum – er thront in dessen Zentrum. Völlig in Harmonie mit den universalen Kräften wandelt er sich dem Lauf der Sonne folgend neunmal täglich. Entsprechend dem Wechsel der Jahreszeiten nimmt er ab und zu. Gleich der Sonne, dem Mond und den Sternen ist auch der Höchste Herr Lao von ewiger Dauer. Ungehindert bewegt er sich zwischen den Gestirnen hin und her und reguliert diese mit Winkelmaß und Zirkel. Aus der Beobachtung des Himmels vermag er Vorhersagen zu treffen und kann so möglichen Störungen in der Harmonie des Universums vorbeugen oder sie verhindern.

Der Höchste Herr Lao kam in menschlicher Gestalt auf die Erde, wo er in Übereinstimmung mit den im *Daode jing* dargelegten Lehren lebte. Auch war er bewandert in den Methoden der Lebenspflege und verwandelte mit ihrer Hilfe seinen sterblichen Körper. Er wurde mit dem Dao eins und stieg als Unsterblicher in den Himmel auf. In dieser Hinsicht repräsentiert er einen wahren, vollendeten Menschen, der anderen auf dem religiösen daoistischen Weg Vorbild und Ansporn sein kann.

Der Höchste Herr Lao trat schon vor der Entstehung von Himmel und Erde ins Dasein. Nachdem das Universum entstanden war, belehrte und unterstützte er die Kulturheroen und mythischen Herrscher des goldenen Zeitalters sowie ihre menschlichen Nachfolger als daoistischer Meister und politischer Ratgeber. Immer wieder taucht er auf der Erde auf und zieht sich wieder zurück. »Er schreitet mit weißem Haar durch die Jahrhunderte«, wie es in seiner Ehreninschrift heißt. Einigen Kaisern, etwa Kaiser Huan, erschien Laozi im Traum und gab ihnen Ratschläge für eine Regierung im Einklang mit dem Dao. Wenn er in der Welt erscheint, leitet er die Menschen dazu an, dem Dao gemäß zu leben. So gewährleistet er die Harmonie im gesamten Kosmos.

Der Höchste Herr Lao sei in seiner Tiefe von Menschen nicht zu ermessen, heißt es weiter. Die Welt schaue zu ihm auf als dem ewigen Leben, das kaiserliche Opfer ehre Laozis göttliche Kraft, und diese in Stein gemeißelte Inschrift verleihe seinem Ruhm Dauer. Die Inschrift greift Elemente früherer Beschreibungen Laozis als Philosoph, Meister und Unsterblicher auf, geht aber in der Darstellung seiner göttlichen Natur weit über diese hinaus.

Der Gott ist dem Wesen nach kosmische Kraft. Seinem Dasein wohnt eine Bewegung inne. Diese äußert sich darin, dass er sich an den gesetzmäßigen Wandel der Kräfte im Universum anpasst. Wie die dynamischen Urprinzipien oder -kräfte Yin und Yang dehnt sich der Gott aus oder zieht sich zusammen, er nimmt ab oder zu und stellt auf diese Weise die potenzielle unendliche Wandelbarkeit des Dao dar.

Wie die kaiserliche Inschrift zu Ehren Laozis wurde auch die *Schrift über die Verwandlungen von Laozi* (*Bianhua jing*) im zweiten Jahrhundert n. Chr. verfasst. Doch diese Schrift entstand im Volk, im Rahmen eines daoistischen Kultes. Sie berichtet, dass der Höchste Herr Lao seinen Gläubigen innerhalb von 13 Jahren fünf Mal erschien. Alle Erscheinungen ereigneten sich in der Nähe der

YIN UND YANG

Die Begriffe *Yin und Yang* sind in der chinesischen Weltanschauung von zentraler Bedeutung. Sie kommen schon im ersten Jahrtausend v. Chr. auf Bronzeinschriften vor. Dort bezeichnet Yin den schattigen Nordhang eines Berges, die Dunkelheit und die Regenwolken, Yang den sonnigen Südhang eines Berges, das Licht und die Sonnenstrahlen. Ab dem vierten Jahrhundert v. Chr. galten Yin und Yang als Qualitäten der Lebensenergie und dienten der Erklärung von Naturphänomenen. Yin und Yang wurden ferner auch auf alle Phänomene des Universums übertragen. So ordnete man Yin z. B. das Kalte, das Weiche, das Stoffliche, die Ruhe und die Erde zu, Yang dagegen das Warme, das Harte, das Geistige, die Bewegung und den Himmel. Obwohl diese Lehre bereits viele Jahrhunderte älter ist, entstand das bekannte Yin-Yang-Symbol erst in der Zeit vom zehnten bis 13. Jahrhundert.

Yin und Yang sind nicht als Gegensätze zu verstehen, sondern als eine zusammengehörige dynamische Polarität. Sie ergänzen einander. Das Wechselspiel zwischen Yin und Yang ist chinesischer Anschauung nach ein dem Kosmos innewohnendes Ordnungsprinzip. Es entspricht einer zyklischen Bewegung, die das gesamte Universum durchdringt. Die kontinuierliche Zunahme von Yin (oder Yang) geht mit der kontinuierlichen Abnahme von Yang (oder Yin) einher. Der Wechsel von Tag (Yang) und Nacht (Yin) ist ein Beispiel dafür.

Stadt Chengdu, die wahrscheinlich das Zentrum dieser daoistischen Gruppe bildete.

In der *Schrift über die Verwandlungen von Laozi* wird der Gott als Wurzel des Dao (des Absoluten) bezeichnet, als Urgrund der Welt und Herr über alle Gottheiten, als Urahn von Yin und Yang und die wandelnde Kraft im Universum. Somit ist der Höchste Herr Lao die höchste Instanz im All, der Ursprung selbst. Aus dieser Schrift geht auch hervor, dass der Höchste Herr Lao kein den Menschen fernstehender Gott ist. In unterschiedlichen Gestalten kommt er ihnen immer wieder zu Hilfe, sei es als Vorbild für die Selbstvervollkommnung, sei es als Lehrer des daoistischen Weges oder als politischer Berater. Er nimmt menschliche Gestalt an, wobei er äußerlich Mensch und innerlich Gott ist, oder er erscheint in Träumen. Es ist sogar von einer Predigt die Rede, in der er zu den Gläubigen gesprochen haben soll. Aber auch die Menschen können von sich aus Kontakt mit ihm aufnehmen, etwa indem sie das *Daode jing* rezitieren oder über die Verwandlungen Laozis meditieren.

Für das westliche Denken erstaunlich ist die Tatsache, dass Laozi nicht von Beginn an ein Gott war bzw. als solcher verstanden wurde. Erst ungefähr 600 Jahre nach seiner »Lebenszeit« geben Schriften von seiner Göttlichkeit Kunde. Wie kam es also dazu, dass der weise Daoist Laozi als Gott erkannt und verehrt wurde?

Anna Seidel stellt fest, dass dieser Umstand auf einer geistigen Umorientierung des Herrscherhauses beruht.[15] Schon vor der Entstehung des chinesischen Kaiserreiches gab es eine mystische Lehre Laozis, die sich in einigen Teilen des Landes auch auf die Regierungsform auswirkte. Das *Daode jing* fungierte demzufolge also nicht nur als »Handbuch« für die Selbstvervollkommnung, sondern diente auch als Leitfaden für die Regierung, wobei vor allem die Lehre vom Gewährenlassen oder Nichthandeln bedeutsam war. Doch dann begannen Kaiser wie Wudi (141–87 v. Chr.) von diesen Ideen Abstand zu nehmen, und der Einfluss von Laozis Lehren auf aristokratische Kreise schwand. Der Regierung wurden legalistische und konfuzianische Prinzipien zugrunde gelegt, während daoistische Lehren nur mehr »privaten Zwecken« dienten, wie etwa der Verlängerung des Lebens.

Während die Herrschenden sich dem Konfuzianismus und Legalismus zuwandten, blieb der Volksglaube eher daoistisch orientiert. Es entstanden Kulte, die in Laozis Lehren unter anderem ein religiöses Alternativmodell zum offiziellen, pragmatischen Staatswesen sahen, das den Volksglauben nicht einschloss. Da Entwicklungen solcher Art von Herrschern als Bedrohung sowie als Keim eines möglichen Umsturzes wahrgenommen werden, mag Kaiser Huan durch sein Opfer an Laozi und die offizielle Anerkennung seiner Göttlichkeit versucht haben, die zeitgenössischen daoistischen Bewegungen in kontrollierbare Bahnen zu lenken. Dafür spricht auch, dass er zwei Monate später alle inoffiziellen Verehrungsstätten Laozis zerstören ließ.

Im zweiten Jahrhundert n. Chr. kam es zu einem der größten Volksaufstände der chinesischen Geschichte. Hunderttausende schlossen sich unter der Führung von Zhang Jue zur daoistisch inspirierten Bewegung der Gelbturbane zusammen, die in dem mythischen Gelben Kaiser und in Laozi ihre Ahnherren sah. 184 n. Chr. versuchten diese Gelbturbane, den bestehenden Staat abzuschaffen. Ihr Ziel war es, eine neue Staatsordnung, den »Weg des Großen Friedens«, zu errichten. Doch die Rebellion misslang und wurde niedergeschlagen.

DIE VERWANDLUNGEN DES HÖCHSTEN HERRN LAO

Ein Kennzeichen der daoistischen Götter und Unsterblichen ist die Fähigkeit, sich zu verwandeln. Als Gott ist auch Laozi mit dieser Kraft begabt. Und wie wir gesehen haben, nutzte er sie, indem er viele Male in der Welt erschien. Er belehrte nicht nur die mythischen Kulturstifter und Herrscher, sondern auch die chinesischen Kaiser. Er trat mit Gläubigen in Kontakt und offenbarte auserwählten Menschen heilige Schriften. Im Laufe der Geschichte nahm der Höchste Herr Lao verschiedene Gestalten und Namen an, um den daoistischen Weg in der Welt zu verwurzeln, ihn in die richtigen Geleise zu lenken oder zu erneuern. Er ist die kosmische Urkraft in persona, die zu den Menschen auf die Erde hinabsteigt, um dort ordnend und rettend zu wirken.

Auf kosmischer Ebene zeigt sich die Wandlungsfähigkeit des Höchsten Herrn Lao darin, dass er die Wandlungen der Natur umfasst, veranlasst und verkörpert. Er verweilt in einer bestimmten Gestalt für die jeweils notwendige Zeit, dann löst er sie wieder auf. Aber er vergeht nicht. Vielmehr bedeutet die Auflösung der Form eine

Rückkehr in den Zustand der Formlosigkeit, der dem ewigen Dao entspricht, dem Urgrund alles Seienden. Wenn ein Daoist über die unterschiedlichen Wandlungsformen des Höchsten Herr Lao meditiert und dahinter das wahre Wesen des Gottes erkennt, so ist dies gleichsam eine Rückkehr zur wahren Gestalt des Ursprungs.[16] Während der Tang-Dynastie (618–907) wurde in Anlehnung an die buddhistische Lehre der verschiedenen Körper Buddhas sogar die Theorie entwickelt, Laozi habe mehrere Körper, von denen einer der »wahre Körper« des Dao sei.

Jedes einzelne Erscheinen Laozis war eine Wandlung seiner ursprünglichen Gestalt. Eine berühmte Offenbarung Laozis sollte den Daoismus besonders tiefgreifend prägen: Im Jahr 142 n. Chr. hatte sich Zhang Daoling mit seinen Schülern zum Studium der daoistischen Lehre auf dem Heming-Berg in Sichuan niedergelassen. Als er einmal in tiefer Meditation dasaß, suchte Laozi ihn plötzlich auf und erteilte ihm den himmlischen Auftrag, die Menschen in der Welt zu belehren und bekehren.

Es wird auch erzählt, ein himmlisches Wesen sei zu Zhang Daoling hinabgestiegen, und zwar in einer goldenen Kutsche mit einem Gespann von vier Drachen und einigen Tigern, begleitet von 1000 Wagen, 10 000 Reitern und zahllosen Heerscharen. Der Himmlische stellte sich als der Archivar Laozi vor und übergab Zhang Daoling den Auftrag und den Vertrag der »Rechtmäßigen Einheit«, mit dem er Zhang autorisierte, Dämonen zu vertreiben und Krankheiten zu heilen. Daraufhin, so sagt die Überlieferung, war Zhang plötzlich mit Heilkräften ausgestattet. Viele Menschen schlossen sich ihm an und verehrten ihn als Meister.

Der Höchste Herr Lao selbst bestimmte also Zhang Daoling dazu, den rechtmäßigen Daoismus zu verbreiten. Auch heißt es, er habe ihn dazu auserkoren, der Stellvertreter des Dao auf der Erde zu sein, und darüber hinaus versprochen, dass alle Anhänger dieser Gruppe kosmische Unglücke überstehen und die Unsterblichkeit erlangen würden.

Zhang Daoling gründete daraufhin den Daoismus der Rechtmäßigen Einheit (Zhengyi), der auch als Daoismus der Himmelsmeister (Tianshi) bekannt ist, und stand dieser Organisation als erster Himmelsmeister vor. Bis zu jener Zeit waren daoistische Ideen nur in relativ kleinen Gruppen tradiert worden. Nun bildete sich die erste daoistische Organisation mit Tausenden von Anhängern. Diese daoistische Kirche, der Daoismus der Himmelsmeister, hat bis heute Bestand und ist eine der beiden Hauptrichtungen des gegenwärtigen Daoismus. Ihr Beginn und ihre Legitimation werden unmittelbar auf die Erscheinung des Höchsten Herrn Lao zurückgeführt.

Es heißt auch, dass der Gott dem Zhang Daoling mehrere Schriften offenbarte und der Himmelsmeister durch die Verehrung dieser Schriften unsterblich wurde. Einmal lud er Zhang Daoling sogar zu einer Reise in himmlische Gefilde ein, zu der der Höchste Herr Lao in einem Wolkendrachengefährt und Zhang Daoling auf dem Rücken eines Kranichs aufbrach. Im Himmel empfing Zhang Daoling, dem Gott zu Füßen kniend, die höchsten Lehren.

Die alten Schriften berichten von verschiedenen Offenbarungen des Höchsten Herrn Lao an gläubige Daoisten. Wie die Offenbarung für Zhang Daoling hat auch die Offenbarung für Kou Qianzhi im frühen fünften Jahrhundert n. Chr. für den Daoismus wichtige Weichen gestellt. Im Jahr 415 suchte der Höchste Herr Lao Kou Qianzhi auf, erwählte ihn als neuen Himmelsmeister und enthüllte ihm bestimmte Vorschriften, den so genannten »Neuen Kodex«. In einer weiteren Offenbarung vermittelte er ihm Anleitungen zu daoistischen Ritualen. Kou Qianzhi reformierte daraufhin mit staatlicher Unterstützung die Tradition der Himmelsmeister.

DIE BEKEHRUNG DER BARBAREN

Das Wirken des Höchsten Herrn Lao ist daoistischer Anschauung zufolge nicht auf China begrenzt. Wir erinnern uns, dass in der Laozi-Biografie von Sima Qian steht, der Alte Meister sei nach Westen gereist, und niemand wisse, wo er sein Leben beendet habe. Sicherlich wollten sich viele Daoisten nicht mit dieser Ungewissheit zufrieden geben und fragten sich, was wohl aus Laozi geworden sei. Schließlich fand man folgende Antwort: Laozi hatte den Grenzpass überquert und war nach Indien gelangt, wo er die Barbaren bekehrte.

Der Buddhismus war im zweiten Jahrhundert n. Chr. nach China vorgedrungen. Und schon bald, nämlich zur Zeit des Kaisers Huan, hielt man am Kaiserhof Rituale zu Ehren des Höchsten Herrn Lao sowie Rituale zu Ehren Buddhas ab. Damals gab es bereits Berichte und Geschichten über die Bekehrung der Barbaren durch Laozi, und zwar in verschiedenen Varianten: Entweder reist Laozi darin allein nach Indien oder in Begleitung des Passwächters Yin Xi. Die Legenden entwickelten sich weiter. Im vierten Jahrhundert erzählte man sich, Laozi sei auf wundersame Weise als Buddha wiedergeboren worden. In einer anderen Geschichte heißt es, der Passwächter Yin Xi habe sich auf Geheiß des Höchsten Herrn Lao in der Gestalt Buddhas reinkarniert.

Zwei Jahrhunderte später berichtet man, dass der Höchste Herr Lao und Yin Xi zusammen fortgegangen und in den Norden Indiens gereist seien. Aufgrund ihrer daoistischen Praxis wird der örtliche König auf sie aufmerksam. Gegenseitige Einladungen folgen. Der Gott vermag die gesamte Bevölkerung auf wundersame Weise zu verköstigen, während der König bald seine finanziellen Möglichkeiten bei den Banketten für die himmlischen Heerscharen, die den Höchsten Herrn Lao begleiten, erschöpft. Er ist verunsichert und weiß nicht, ob er es mit himmlischen Wesen oder mit Dämonen zu tun hat. Letzteres erscheint ihm wahrscheinlicher, und so versucht er, die beiden Daoisten auf grausame Weise zu töten. Er lässt sie im Feuer schmoren, im Wasser versenken, in Kessel mit kochendem Wasser werfen und mit Schwertern aufspießen. Doch Erstaunliches geschieht: Sowohl der Höchste Herr Lao als auch Yin Xi bleiben völlig unversehrt, denn das Dao, deren Verkörperungen sie sind, kann nicht verletzt werden. Als der König dieses

Wunder sieht, ist er von der himmlischen Größe der beiden überzeugt und unterwirft sich ihnen. So kann der Höchste Herr Lao die Barbaren bekehren.[17]

Als die ersten Buddhisten umgekehrt von Indien nach China kamen, wurden sie und ihre Lehre nicht als Bedrohung angesehen, sondern im Gegenteil ebenso freundlich wie neugierig aufgenommen. Gleichwohl betrachteten die Chinesen alle Menschen außerhalb Chinas als kulturell unterlegen und nannten sie daher Barbaren. Die Idee der Bekehrung der Barbaren (*huahu*) war zum einen ein Mittel, das Aufkommen des Buddhismus in China und seinen Einfluss auf den Daoismus zu erklären. Zum anderen brachte sie die Überzeugung zum Ausdruck, dass die eigene Religion der Fremdreligion überlegen sei.

Der Höchste Herr Lao wurde als der Gründer einer neuen Religion betrachtet, die sich zwar vom Daoismus unterscheidet, aber letztlich mit ihm doch eine enge Verwandtschaft aufweist. So zumindest erschien der Buddhismus anfangs den Daoisten: als Spielart des Daoismus. Im vierten Jahrhundert n. Chr. war der Buddhismus in China schon relativ weit verbreitet. Einige daoistische Strömungen, zum Beispiel der Daoismus des Numinosen Juwels (Lingbao), hatten viele buddhistische Elemente integriert, sie aber abgewandelt und der eigenen Anschauung angepasst. Zwischen den Anhängern der beiden Religionen herrschte ein reger Austausch.

Das entspannte Verhältnis zwischen Daoisten und Buddhisten änderte sich jedoch, als Wang Fou um 300 n. Chr. die *Schrift über die Bekehrung der Barbaren* (*Huahu jing*) verfasste. Er machte sich darin die Bekehrungsgeschichte zunutze, um gegen die Buddhisten zu polemisieren. Es kam zu erbitterten Debatten zwischen Daoisten und Buddhisten, die im vierten und sechsten Jahrhundert ihren Höhepunkt fanden. Diese Wortduelle fanden nicht unter den »gewöhnlichen« Gläubigen statt, sondern waren ein Privileg der oberen Klasse und wurden zum Teil öffentlich vor dem Kaiser ausgefochten. Die Auseinandersetzungen wurden im Übrigen nicht nur mündlich ausgetragen. Zur Darlegung der Standpunkte verfasste man auch Schriften.[18] Die Buddhisten hielten darin den

Daoisten entgegen, dass Laozi ursprünglich ein Schüler Buddhas gewesen sei. Buddha habe Laozi nach China gesandt, um durch das *Daode jing* eine den Chinesen angepasste Variante des Buddhismus zu verbreiten. Bei diesen Debatten ging es natürlich auch um eine religiöse Vormachtstellung und staatliche Protektion. Deshalb versuchten Buddhisten wie Daoisten, dem Herrscher ihre Lehre als die für seine Regierung hilfreichere darzustellen.

Im Laufe der Zeit wurde die *Schrift über die Bekehrung der Barbaren* dreimal neu geschrieben, wobei man die ursprüngliche Härte den Buddhisten gegenüber etwas milderte. Die erste Version, die Schrift von Wang Fou, ist heute nur noch in Fragmenten erhalten.

Im achten Jahrhundert war das Motiv der Bekehrung der Barbaren in versöhnlicher Form fest in den Laozi-Mythos eingegangen. Als jedoch Mitte des 13. Jahrhunderts von den Daoisten eine neue feindselige Darstellung der Bekehrungsgeschichte verbreitet wurde, flammten die Debatten wieder heftig auf und mündeten schließlich im Verbot aller daoistischen Texte mit Ausnahme des *Daode jing*.

Die Auseinandersetzungen zwischen Buddhisten und Daoisten wirkten sich auch auf die »Biografie« des Höchsten Herrn Lao aus. So wurde sein Geburtsjahr im Rahmen der Bekehrungsgeschichte mehrmals vorverlegt. Denn – dies die Überlegung der Daoisten – der Höchste Herr Lao hatte sich zunächst als Laozi in China inkarniert und war dann nach Indien gereist, wo er sich in Buddha verwandelte. Daher musste er vor der Geburt Buddhas im Jahr 689 v. Chr. in diese Welt gekommen sein. Auch musste er genug Zeit für die Reise nach Indien gehabt haben. Die Daoisten datierten also Laozis Emigration auf das frühe achte Jahrhundert v. Chr. Die Buddhisten konterten, indem sie Buddhas Geburtsjahr auf 1029 v. Chr. vorverlegten, woraufhin die Daoisten wiederum die irdische Geburt des Höchsten Herrn Lao auf das Jahr 1311 »verschoben«. All dies trug sich im Jahr 520 n. Chr. zu. Obwohl aus dieser Auseinandersetzung die Buddhisten als Sieger hervorgingen, hielt man doch am Geburtsjahr Laozis als relativ festem Bestandteil seiner Lebensgeschichte fest.[19]

Trotz der Debatten bestanden auch durchaus freundschaftliche Verbindungen zwischen Daoisten und Buddhisten. Darüber hinaus gab es Konversionen vom einen Glauben zum anderen. Der Austausch zwischen Daoisten und Buddhisten war rege, sodass beide Religionen einander befruchten konnten.[20]

GÖTTLICHE NAMEN UND MERKMALE

Der göttliche Laozi heißt nicht nur Höchster Herr Lao; als einer der höchsten drei Götter im daoistischen Pantheon wird er auch »Himmlischer Ehrwürdiger des Dao und seiner Wirkkraft« genannt. Da sich der Gott vielfach wandelte, wurde er mit weiteren Namen und Titeln bedacht, die alle auf seine Natur und seine spezifischen Charakteristika hindeuten. Übersetzt lauten einige »Herr des Anfangs«, »Ursprüngliches Leben«, »Ursprüngliches Yang« »Meister der Langlebigkeit«, »Mitte«, »Ursprung«, »Tugend«, »Zuflucht« oder »Loyalität«. Es sind jeweils zwei Gruppen von neun Namen bekannt, die in zwei unterschiedlichen Varianten überliefert wurden. Die neun Namen stehen für neun kosmische Verwandlungen, die der Gott in himmlischen Sphären vollzieht.

Im sechsten Jahrhundert erhielt der Gott unter buddhistischem Einfluss dem Buddha entsprechend zehn göttliche Titel. Einer von ihnen ist »Höchster Herr Lao«, andere sind »Vollkommene höchste Weisheit«, »Großer Mitfühlender und Gütiger«, »Kaiser der Himmel«, »Vater der Götter und Menschen« oder »Herr der Himmelsmeister«. Auch die zehn Titel sind in zwei Varianten überliefert. Sie beschreiben die Stellung des Gottes, seine Eigenschaften und seine Macht.

Neben seinen Namen weisen auch bestimmte körperliche Merkmale den Höchsten Herrn Lao in menschlicher Gestalt als Gott aus. Schriften sprechen von insgesamt entweder 72 oder 81 Merkmalen. Beide Zahlen haben eine spezifische symbolische Bedeutung. Die Zahl Neun ist in der chinesischen Mythologie von ganz besonderer Wichtigkeit. Sie stellt eine Ordnung dar, die vom Himmel auf die Erde kam. Denn einst unterteilte der mythische Kaiser Yu die Welt in neun Provinzen und bereitete so den Boden für die menschliche Zivilisation. Die Neun gilt ferner als Symbol für das reine Yang, die schöpferische Kraft. In der Zahl 81 erscheint diese Kraft in besonderer Potenz (neun mal neun). Im Übrigen enthält auch die geläufige Version des *Daode jing* aus dem dritten Jahrhundert n. Chr. 81 Abschnitte. Die Zahl 72 ergibt sich aus neun mal acht und deutet auf die neun Provinzen der Erde und die acht Himmelsrichtungen hin. So umfasst sie gewissermaßen Himmel und Erde.

Auch die körperlichen Merkmale des Gottes sind symbolisch zu deuten. Laozis große Ohren als ein Zeichen von tiefer Weisheit haben wir bereits erwähnt. Andere Charakteristika wie eine strahlende Haut, ein duftender Atem, viereckige Pupillen oder Zeichen für die zwei Kräfte Yin und Yang und die fünf Wandlungsphasen (Elemente) auf seinen Füßen kennzeichnen den Höchsten Herrn Lao als Unsterblichen und als Verkörperung des Dao. Als Urkraft des Universums mag der Gott für die Menschen unfassbar sein. In seiner göttlich-menschlichen Gestalt jedoch steht er ihnen näher und lässt sich schon leichter begreifen.[21]

ZEICHEN UND WUNDER

Schon das Erscheinen des Höchsten Herrn Lao in der Welt und seine Offenbarungen sind göttliche Wunder. Es gibt aber auch viele andere übernatürliche Begebenheiten, die sich in Klöstern und unter frommen Menschen ereigneten.

Du Guangting beschreibt einige Wunder aus dem achten und neunten Jahrhundert. Sie sind Beispiele für die Volksnähe des Gottes und die tiefe Verehrung, die ihm entgegengebracht wurde. Im Jahr 873 sah der Daoist Lü Jiansu in der Haupthalle des Weißen-Kranich-

Klosters in Zhejiang ein wundersames Strahlen. Als er ihm seine Ehrerbietung bezeugte, verwandelte sich das Strahlen in ein deutliches Bild des Höchsten Herrn Lao. Auf dieses Zeichen hin begannen die Mönche, an der Stelle der Erscheinung den Boden aufzugraben, und fanden eine Steinstatue des Gottes. Lü wusch die Statue, stellte sie auf und erwies ihr regelmäßig seine Verehrung. So erlangte er die Fähigkeit, zu heilen und Regen zu machen.

Eine andere Begebenheit ereignete sich in einem Kloster in Changming in Sichuan. Dort befand sich eine Statue des Höchsten Herrn Lao, die zwei Begleitstatuen zur Seite hatte. Eines Tages kamen Diebe in den Tempel, die sich der beiden Begleitstatuen bemächtigten. Das Bildnis des Höchsten Herrn Lao konnten sie jedoch nicht entwenden, denn es entschwand zum fünf Kilometer entfernten Nachbartempel, wo die Mönche den Gott vor der Haupthalle sitzend antrafen.

Es geschahen auch Wunder, die zeigen, dass der Höchste Herr Lao seinen Gläubigen in schwierigen Lebenslagen hilft und sie schützt. So konnte ein Mann in Chang'an seine gesamte Familie vor dem Tod durch Rebellen retten, indem er unermüdlich den Gott anbetete. Ein anderer hatte es ebenfalls seiner Frömmigkeit zu verdanken, dass er nach einer zerstörerischen Flut von Armut verschont blieb. Und die Eltern eines Sohnes, der nach einem Gefecht vermisst war, konnten ihren Schützling heil nach Hause holen, nachdem der Höchste Herr Lao ihnen im Traum erschienen war.

Vor allem aus der Tang-Dynastie (618–907) sind viele göttliche Zeichen und Wunder überliefert. Während dieser Zeit war die Verehrung des Höchsten Herrn Lao besonders ausgeprägt und intensiv. In den Augen seiner Gläubigen galt er als ein Gott, der großen Anteil am irdischen Geschehen nahm. So führte die damalige Kaiserfamilie, die den Namen Li trug, ihre Ahnenreihe bis auf Laozi zurück, der seiner Biografie in den *Historischen Aufzeichnungen* zufolge ja ebenfalls Li mit Nachnamen hieß. Für die kaiserliche Familie war der Höchste Herr Lao Schutzpatron des Staates und ihrer eigenen Angehörigen, hatte er ihnen doch durch eine Erscheinung und Prophezeiung zum Thron verholfen.

Nachdem die Familie Li nämlich die Regierung angetreten hatte, wurden ihr im Laufe der Zeit mehrere himmlische Zeichen gesandt. Eines davon war ein Jadestein, der 723 in Laozis Geburtsstadt gefunden wurde. Auf dem halbmondförmigen Stein befand sich das Bild eines musizierenden Unsterblichen. Schlug man den Stein an, so ertönte ein wunderbarer, gleichsam himmlischer Klang. Der Kaiser gab dem Stein einen Ehrenplatz im Garten des kaiserlichen Ahnentempels für Laozi. Andernorts tauchten weitere Kostbarkeiten auf. So wurden etwa Behältnisse ausgegraben, in denen sich wunderkräftige Schrifttalismane befanden. Da all diese Dinge von großer Besonderheit waren, bezweifelte niemand, dass sie der Götterwelt entstammten.

Sehr häufig suchte der Höchste Herr Lao Menschen in Visionen auf. Oder es erschienen plötzlich Abbildungen von ihm an Wänden und Mauern. Einige Menschen erzählten auch davon, dass der Gott sie in Visionen zu Himmelsreisen einlud.[22]

All diese Begebenheiten sind Zeichen des Mitgefühls und der Sorge, die der Höchste Herr Lao allen Menschen, ungeachtet ihres Ranges, zuteil werden lässt. Sie zeigen auch, wie unantastbar er, die Verkörperung des Dao, ist und dass er auf Erden als Wohltäter wirkt.

DAS BUCH *LAOZI*

Laozi wird ein Buch zugeschrieben, das den Titel *Daode jing* (*Tao Te King*, *Tao-te ching*) trägt. Eine mögliche Übersetzung des Titels ist *Der Klassiker vom Dao und seiner Wirkkraft*. Im Chinesischen werden Texte von herausragender Bedeutung im Sinne heiliger Schriften als Klassiker bezeichnet. Bevor Laozis Buch im dritten Jahrhundert n. Chr. als *Daode jing* in den ehrenvollen Rang eines solchen Klassikers erhoben wurde, hieß es schlicht *Laozi*. Das *Daode jing* besteht aus etwa 5000 Schriftzeichen und ist demnach ein relativ kurzer Text. Es umfasst 81 Abschnitte und ist in zwei Teile gegliedert. Der erste Teil heißt »Dao«, der zweite »De« (Wirkkraft, Tugend). Das Dao und die Wirkkraft, die Selbstvervollkommnung, die Lebensführung und die rechte Regierung sind seine zentralen Themen. Wie die Fülle an Kommentaren und Übersetzungen zeigt, die im Laufe der Geschichte in China und in anderen Ländern entstanden, wurden Laozis Aphorismen oft recht unterschiedlich ausgelegt. Ungeachtet dessen war und ist das *Daode jing* für viele Menschen ein unerschöpflicher Quell der Weisheit.

Das *Daode jing* gehört zu den frühesten daoistischen Werken, die uns bekannt und überliefert sind. Es war nicht nur für die Entwicklung des Daoismus bahnbrechend, sondern beeinflusste auch allgemein die chinesische Kultur tiefgreifend. Weit über die Grenzen Chinas hinaus wurde dieses kleine Buch in der ganzen Welt bekannt und zählt heute zu den wichtigsten Werken der Weltliteratur.

In der daoistischen Literatur gibt es zahlreiche Texte, die keinen Autor im gewöhnlichen Sinne haben. Es war häufig der Fall, dass die Schriften berühmten oder auch legendären daoistischen Weisen oder Unsterblichen zugeschrieben wurden. So ist auch die Urheberschaft des *Daode jing* nicht geklärt.

Derzeit gehen die meisten Forscher davon aus, dass es eine mündliche Überlieferungslinie gab, bevor das *Daode jing* seine schriftliche Gestalt annahm. Es besteht zwar die Möglichkeit, dass Schüler von Laozi – sollte er denn gelebt haben – dessen Lehren weitergegeben und schließlich niedergeschrieben haben. Doch sprachliche und inhaltliche Unterschiede zwischen einzelnen Textpassagen legen die Wahrscheinlichkeit nahe, dass das *Daode jing* auf verschiedene Meister zurückgeht und wahrscheinlich über einen längeren Zeitraum hinweg niedergeschrieben wurde. Als Entstehungszeit des Buches wird gemeinhin das vierte Jahrhundert v. Chr. angesetzt. Etwa 100 Jahre später muss das *Daode jing* in Teilen bereits bekannt gewesen sein, da es in anderen zentralen Schriften jener Zeit mehrfach zitiert wird.

Das *Daode jing* existiert in unterschiedlichen Versionen. Der Text, der in China verbreitet ist und den westlichen Übersetzungen zugrunde liegt, geht zurück auf eine von Wang Bi (226–249) kommentierte Version aus dem dritten Jahrhundert n. Chr. Doch ist der uns geläufige Laozi-Text nicht derselbe, der Wang Bi vorlag. Die Wang-Bi-Version wurde vielmehr im Laufe der Jahrhunderte immer wieder überarbeitet, bis sie schließlich zu dem Buch wurde, das wir heute unter dem Titel *Daode jing* kennen.

Im dritten Jahrhundert waren seit der vermutlich ersten schriftlichen Niederlegung des Buches *Laozi* bereits 700 Jahre vergangen, und dennoch blieb diese Fassung über viele Jahrhunderte hinweg die älteste und authentischste. Daher war es eine Sensation, als man vor nicht allzu langer Zeit in China zwei wesentlich frühere *Laozi*-Manuskripte fand.

GRABFUNDE

1973 öffneten Archäologen das Grab eines Adligen, das 168 v. Chr. versiegelt worden war. Diese Grabstätte befindet sich in der Nähe von Mawangdui, einem Vorort der heutigen Stadt Changsha in der Provinz Hunan. Wie es damals üblich war, hatte man auch diesen Adligen mit zahlreichen Beigaben bestattet. In einer Lacktruhe entdeckten die Archäologen eine umfangreiche Bibliothek, deren Texte überwiegend auf kostbare Seide geschrieben waren; deshalb taufte man sie »Seidenbücher«.[23] Zwei Seidenbücher enthalten die Schrift *Laozi*. Was das Alter der beiden Manuskripte angeht, so differieren die Datierungen der Forscher um einige Jahre. Grob lässt sich jedoch sagen, dass die beiden Manuskripte verschieden alt sind und etwa aus der Zeit von 206 bis 180 v. Chr. stammen. Dank des Mawangdui-Fundes liegen nun zwei *Laozi*-Texte vor, die etwa 500 Jahre älter sind als die bis dahin bekannte Version. Anders als der jüngere Text stellen die Seidenmanuskripte von Mawangdui den Teil »De« (Wirkkraft, Tugend) vor den Teil »Dao«. Dieser Anordnung nach müsste das Buch *Dedao jing* heißen.[24]

20 Jahre später, 1993, wurde in einem Grab in Guodian in der heutigen Provinz Hubei eine weitere Aufsehen erregende Grabbibliothek gefunden: Sie besteht aus 730 Bambusstreifen, die der chinesischen Schrift gemäß von oben nach unten beschrieben sind. 71 Bambusstreifen konnten als die bislang früheste Version des *Laozi* identifiziert werden. Sie stammen aus der Zeit des späten vierten oder frühen dritten Jahrhunderts v. Chr.[25]

Die 71 Bambusstreifen sind in drei Bündel zusammengefasst. Kein Bündel trägt einen Titel; ebenso wenig waren Hinweise auf die Zusammengehörigkeit der Texte zu finden. Dies könnte so interpretiert werden, dass diese drei Manuskripte nicht einen einzigen Text bilden, sondern drei eigenständige Schriften darstellen, die möglicherweise aus unterschiedlichen Quellen stammen. Bestärkt wird diese Annahme dadurch, dass zwei Manuskripte verschiedene Versionen desselben Spruchs enthalten.

Das Guodian-Manuskript besteht aus 31 Abschnitten, die etwa zwei Fünftel des bisher bekannten *Daode jing* ausmachen. Also war dieser neu aufgefundene Text entweder unvollständig, oder er war vollständig und einfach kürzer als das uns heute geläufige Buch. Im letzteren Fall wäre mehr als die Hälfte des *Daode jing* eine Hinzufügung aus späterer Zeit.

Ein Vergleich der Texte zeigt, dass einige Sprüche mit den späteren identisch sind, andere abweichen und manche unvollständig sind. Natürlich ist das Guodian-Manuskript nur *eine* Version des *Daode jing* aus jener frühen Zeit, sodass nicht beurteilt werden kann, wie wohl andere Fassungen ausgesehen haben mögen. Dennoch wird klar, dass in China annähernd zwei Jahrtausende lang eine Fassung des *Daode jing* verbreitet war, die nur zum Teil dem Urtext entspricht. Dieser Umstand ist auch insofern von großer Bedeutung, als das *Daode jing* als heiliger Text gilt und nun aufgrund der Grabfunde weite Teile dieses Textes hinsichtlich ihrer Authentizität in Frage gestellt werden müssen. Aus historischer Sicht gilt dies ebenso für die Autorschaft Laozis.

Zwischen den alten und den neueren Texten bestehen auch einige inhaltliche Unterschiede. So grenzt sich das *Daode jing* aus dem dritten Jahrhundert n. Chr. deutlich gegen den Konfuzianismus ab, indem es die konfuzianischen Tugenden als etwas Künstliches disqualifiziert, ohne die es um die Welt besser bestellt wäre. Diese Ablehnung des Konfuzianismus ist in den Guodian-Manuskripten noch nicht vorhanden und wurde daher wahrscheinlich erst in späteren Jahrhunderten dem Buch hinzugefügt. Andere Vorstellungen, die bislang zu den Grundfesten des *Daode jing* und somit auch des Daoismus zählten, werden in den Bambustexten überhaupt nicht erwähnt – so zum Beispiel die Idee, dass das Weiche das Harte überwindet.

Die Erforschung dieser frühen *Laozi*-Texte ist noch nicht abgeschlossen. Doch wir können heute schon mit Sicherheit sagen, dass das *Daode jing*, wie es uns aus vielen Übersetzungen bekannt ist, nicht der Urtext ist, sondern im Laufe der Jahrhunderte immer wieder überarbeitet und verändert wurde.

Meine Worte sind sehr leicht zu verstehen,
sehr leicht auszuführen.
Und doch vermag niemand auf der Erde sie zu verstehen,
niemand vermag sie auszuführen.
Die Worte haben einen Ahn,
der Dienende hat einen Herrn.
Eben weil man sie nicht versteht, versteht man mich nicht.
Diejenigen, die mich verstehen, sind rar.
Darin liegt mein Wert.
Also: Der Weise trägt auf dem Rücken ein raues Gewand,
in seiner Brust birgt er ein Juwel.

(Daode jing, Abschnitt 70)

Das *Daode jing* ist ein geheimnisvoller und vielschichtiger Text, der als mystisches, philosophisches, politisches und religiöses Werk sowie als Anleitung zur Gewinnung der Langlebigkeit betrachtet wurde. Wie kaum ein anderes chinesisches Buch wurde und wird das *Daode jing* auf vielfältige Weise gedeutet. Und so entstanden seit dem dritten Jahrhundert v. Chr. in China Hunderte Kommentare, die von Daoisten, aber auch von Konfuzianern, Buddhisten und anderen verfasst wurden. Und die Bemühungen, das *Daode jing* zu interpretieren, beschränken sich nicht auf China allein. In aller Welt machten sich Menschen an die Deutung dieses Werkes: Allein in Japan existieren etwa 250 Kommentare.

Die Fülle der Kommentarliteratur zeigt zum einen die Popularität des *Daode jing*. Zum anderen deutet sie darauf hin, wie schwierig das Buch zu verstehen ist und wie unterschiedlich seine Aussagen aufgefasst werden können. Die Ausrichtung der Kommentare wird durch die Weltanschauung, die religiöse Orientierung und das persönliche Interesse der Interpreten bestimmt. So setzen etwa die Buddhisten andere Schwerpunkte als die Daoisten oder die Konfuzianer. Ungeachtet dessen mag sich der eine Kommentator auf die Metaphysik des Textes konzentrieren, ein anderer dagegen die politische Botschaft oder die Lebenspflege hervorheben.

Westliche Leser begegnen bei der Lektüre des *Daode jing* einer grundsätzlich anderen Kultur und Denkweise, die zudem aus einer Zeit vor 2500 Jahren stammt. Westliche Werte oder Vorstellungen können demnach nicht auf Laozis Lehre übertragen werden. Vielmehr sind ein unbefangener Blick und Offenheit für die zunächst einmal fremde Welt erforderlich. Auch können sich die meisten Leser aus unserem Kulturkreis nur auf Übersetzungen stützen. Doch diese sind so unterschiedlich, dass dieselben Textstellen in verschiedenen Übertragungen häufig einen völlig anderen Sinn ergeben.

Im Fall des *Daode jing* ist die Kenntnis der chinesischen Sprache an sich zwar noch keine Gewähr für ein tiefes Verständnis der Lehren Laozis. Und doch eröffnet sie gewisse Perspektiven bei der Suche nach dem Sinn des Textes, die möglicherweise demjenigen verborgen bleiben, der kein Chinesisch lesen kann. Idealerweise sollten sich bei einer Deutung des *Daode jing* profunde Sprachkenntnisse und historisches Wissen mit einer tiefen Erfahrungsebene verbinden. Dies ist im Westen wohl selten der Fall. Daher ist es wichtig, bei der Lektüre einer Deutung des *Daode jing* den Hintergrund des Kommentators im Auge zu behalten, da ebendieser die Tiefe der Darlegungen bestimmt. Auf mehrere Kommentare und Übersetzungen zurückzugreifen kann helfen, zu einem besseren, umfassenderen Verständnis des Buches zu gelangen.

Auch für Chinesen erweist sich die Deutung des *Daode jing* als schwierig. Die Schriftsprache der Zeit vor 2500 Jahren ist eine völlig andere als die späterer Zeiten oder gar das moderne Chinesisch. So finden wir im *Daode jing* zum Beispiel Begriffe wie »der Geist des Tals« oder »das geheimnisvolle Weibliche«. Diese wurden zwar aus Wörtern der damaligen Alltagssprache gebildet, werden aber nicht definiert und sind in ihrer Bedeutung rätselhaft. Daher lassen sie viel Spielraum für Interpretationen.

Eine andere Schwierigkeit bei der Lektüre dieses Textes, wie im Übrigen aller anderen klassischen chinesischen Texte auch, ist die fehlende Interpunktion. Die Einteilung der Schriftzeichen in Sätze und somit Sinninhalte ist zwar nicht völlig beliebig, aber durchaus variabel. So interpunktierten die chinesischen Kommentatoren im Laufe der Jahrhunderte das *Daode jing* mehrfach neu und kamen auch deshalb zu unterschiedlichen Auslegungen. Zum Beispiel kann eine Passage aus dem ersten Abschnitt des *Daode jing*, abhängig von der Interpunktion, auf zwei ganz verschiedene Arten gelesen werden:

> Das Nichtseiende bezeichnet den Ursprung von Himmel und Erde.
> Das Seiende bezeichnet die Mutter aller Erscheinungen.

oder:

> Das Namenlose ist der Ursprung von Himmel und Erde.
> Das, was einen Namen hat, ist die Mutter aller Erscheinungen.

Hier wird deutlich, dass sich die Kommentatoren nicht nur mit dem Inhalt des Buches, sondern auch mit seiner Sprache und Grammatik auseinander setzen müssen. Zu den einflussreichsten chinesischen Kommentaren des *Daode jing* gehören die Kommentare von Heshang Gong (möglicherweise zweites Jahrhundert v. Chr.) und Wang Bi (226–249).[26]

Heshang Gong ist nur aus Legenden bekannt; einige Wissenschaftler vermuten, dass der ihm zugeschriebene Kommentar erst nach dem zweiten Jahrhundert n. Chr. entstanden ist. Heshang Gong hebt die politische Botschaft des *Daode jing* hervor. Darüber hinaus zeigt er die große Bedeutung der Lebenspflege auf und interpretiert das Dao aus der kosmologischen Sichtweise zur Han-Zeit (206 v. Chr.–220 n. Chr.).

Wang Bi verfasste mehrere Kommentare zu chinesischen Klassikern. Seine Deutungen des *Daode jing* und des *Yijing* (*Buch der Wandlungen*) sind berühmt und waren vor allem in der Gelehrtenwelt außerordentlich geschätzt. Wang Bis *Kommentar zum Buch Laozi* (*Laozi zhu*) ist philosophisch und metaphysisch orientiert. Er wurde für das Verständnis des *Daode jing* wegweisend und wird auch heute noch häufig zur Deutung des Buches *Laozi* herangezogen bzw. in anderen Auslegungen zitiert.

Es ist für die chinesischen Kommentatoren charakteristisch, dass sie nicht streng analytisch vorgehen und den Text zum Beispiel nicht in kleine Sinneinheiten unterteilen, wie es westliche Gelehrte tun würden. Vielmehr bemühen sie sich, eine umfassende Sichtweise der Bedeutung des Textes zu vermitteln, die nicht selten wie ein neues Werk erscheint. So kann etwa der *Daode jing*-Kommentar von Wang Bi durchaus als eigenständiger Text gelesen werden.

ÜBERSETZUNGEN

Das *Daode jing* wurde erstmals im 17. Jahrhundert übersetzt, und zwar ins Sanskrit. Im Jahr 1788 erschien die früheste Übertragung in eine westliche Sprache. Diese – lateinische – Übersetzung geht auf Jesuitenmissionare in China zurück. Damals versuchte man, im *Daode jing* christliche Lehren zu entdecken oder hineinzudeuten. So wurde das Dao mit dem christlichen Gott gleichgesetzt. Diese Auslegung hielt sich mehrere Jahrzehnte.

Als Stanislas Julien in der Mitte des 19. Jahrhunderts eine französische Übersetzung vorlegte, war er der erste Wissenschaftler, der den Versuch unternahm, das chinesische Gedankengut authentisch darzustellen. James Legge tat es ihm 1891 mit einer englischen Übersetzung nach. Die Wissenschaftler hatten begonnen, die chinesische Weltanschauung als etwas Eigenständiges anzuerkennen und zu erforschen. Es folgten viele weitere Übersetzungen in fast alle Sprachen der Welt. In Deutschland wurden insbesondere die Übersetzungen von Richard Wilhelm und von Ernst Schwarz bekannt.

Das *Daode jing* verbreitete sich zunehmend in der westlichen Welt und stieß bei namhaften Theologen und Philosophen auf Interesse. So legte beispielsweise Ernst Bloch in seinem Werk *Das Prinzip Hoffnung* die Lehre des Laozi dar. Martin Heidegger und der Chinese Shih Yi-Hsia arbeiteten gemeinsam an einer Übersetzung des *Daode jing*, und Martin Buber verfasste einen Aufsatz über *Die Lehre vom Tao*.[27] Laozi, das *Daode jing* und daoistisches Gedankengut fanden auch Eingang in die Literatur – man denke hier nur an Alfred Döblins Roman *Die drei Sprünge des Wang Lun* oder Bertolt Brechts *Legende von der Entstehung des Buches Taoteking auf dem Wege des Laotse in die Emigration*.

Legende von der Entstehung des Buches Taoteking
auf dem Wege des Laotse in die Emigration

Als er Siebzig war und war gebrechlich
Drängte es den Lehrer doch nach Ruh,
Denn die Güte war im Lande wieder schwächlich
Und die Bosheit nahm an Kräften wieder einmal zu.
Und er gürtete den Schuh.

Und er packte ein, was er so brauchte:
Wenig. Doch es wurde dies und das.
So die Pfeife, die er immer abends rauchte,
Und das Büchlein, das er immer las.
Weißbrot nach dem Augenmaß.

Freute sich des Tals noch einmal und vergaß es
Als er ins Gebirg den Weg einschlug.
Und sein Ochse freute sich des frischen Grases
Kauend, während er den Alten trug.
Denn dem ging es schnell genug.

Doch am vierten Tag im Felsgesteine
Hat ein Zöllner ihm den Weg verwehrt:
»Kostbarkeiten zu verzollen?« – »Keine.«
Und der Knabe, der den Ochsen führte, sprach:
»Er hat gelehrt.«
Und so war auch das geklärt.

Doch der Mann in einer heitren Regung
Fragte noch: »Hat er was rausgekriegt?«
Sprach der Knabe: »Dass das weiche Wasser in
Bewegung
Mit der Zeit den mächtigen Stein besiegt.
Du verstehst, das Harte unterliegt.«

Dass er nicht das letzte Tageslicht verlöre
Trieb der Knabe nun den Ochsen an
Und die drei verschwanden schon um eine
schwarze Föhre.
Da kam plötzlich Fahrt in unsern Mann
Und er schrie: »He du. Halt an!

Was ist das mit diesem Wasser, Alter?«
Hielt der Alte: »Interessiert es dich?«
Sprach der Mann: »Ich bin nur Zollverwalter
Doch wer wen besiegt, das interessiert auch mich.
Wenn du's weißt, dann sprich!

Schreib mir's auf! Diktier es diesem Kinde!
So was nimmt man doch nicht mit sich fort.
Da gibt's doch Papier bei mir und Tinte
Und ein Nachtmahl gibt es auch, ich wohne dort.
Nun, ist das ein Wort?«

Über seine Schulter sah der Alte
Auf den Mann: Flickjoppe, keine Schuh.
Und die Stirne, eine einzige Falte.
Ach, kein Sieger trat da auf ihn zu.
Und er murmelte: »Auch du?«

Eine höfliche Bitte abzuschlagen,
War der Alte, wie es schien, zu alt.
Denn er sagte laut: »Die etwas fragen,
Die verdienen Antwort.« Sprach der Knabe: »Es wird
auch schon kalt.«
»Gut, ein kleiner Aufenthalt.«

Und von seinem Ochsen stieg der Weise
Sieben Tage schrieben sie zu zweit.
Und der Zöllner brachte Essen (und er fluchte nur
noch leise

Mit den Schmugglern in der ganzen Zeit).
Und dann war's soweit.

Und dem Zöllner händigte der Knabe
Eines Morgens einundachtzig Sprüche ein.
Und mit Dank für eine kleine Reisegabe
Bogen sie um jene Föhre ins Gestein.
Sagt jetzt, kann man höflicher sein?

Aber rühmen wir nicht nur den Weisen,
Dessen Name auf dem Buche prangt!
Denn man muss dem Weisen seine Weisheit erst entreißen.
Darum sei der Zöllner auch bedankt:
Er hat sie ihm abverlangt.[28]

LAOZIS LEHREN

Die im *Daode jing* dargelegten Lehren dienten allen daoistischen Strömungen, die sich im Laufe der Zeit bildeten, als Grundlage. Der Text ist vielschichtig und kann aus unterschiedlichen Perspektiven gelesen werden, weshalb er verschiedene Auslegungen erfuhr, wie wir gesehen haben. Dennoch schälen sich einige charakteristische Grundideen heraus, die wir nun darzulegen versuchen. Die geläufige Fassung des *Daode jing* aus dem dritten Jahrhundert n. Chr., die in zahlreichen Übersetzungen zugänglich ist, liegt den folgenden Erläuterungen und Zitaten zugrunde. Die Zahl hinter den Zitaten gibt den jeweiligen Abschnitt des *Daode jing* an.

DAS DAO UND SEINE WIRKKRAFT

Dao ist ein Begriff aus dem allgemeinen Sprachgebrauch und bedeutet wörtlich »(einen zu beschreitenden) Weg« und im übertragenen Sinn auch »Methode«. Die Konfuzianer bezeichneten mit diesem Begriff den rechten Weg des Verhaltens, eine menschliche Ordnung, die im Einklang mit der Ordnung des Himmels steht. Laozi verwendet »Dao« erstmals in philosophischer oder besser metaphysischer Hinsicht: Dao ist das Absolute, das höchste Transzendente, die höchste Wirklichkeit. Dieses zentrale Konzept wurde zur Grundlage für den gesamten Daoismus.

Das Absolute steht über allen Erscheinungen, also auch über der Sprache. Laozi kennt den Namen des Unnennbaren nicht und ist doch gezwungen, die Sprache zu gebrauchen, um auf es hinzuweisen. »Ich kenne seinen Namen nicht, ich nenne es Dao.« (25) Wie das *Daode jing* jedoch gleich zu Beginn ausführt, ist das benannte Dao nicht das Absolute: »Das Dao, das benannt werden kann, ist nicht das ewige Dao.«

Ebenso wenig wie mit Worten ist das Dao mit den Sinnen zu erfassen:

Du schaust nach ihm – und siehst es nicht.
Sein Name lautet Unsichtbar.
Du lauschst nach ihm – und hörst es nicht.
Sein Name lautet Unhörbar.
Du greifst nach ihm – und ergreifst es nicht.
Sein Name lautet Ungreifbar. (14)

Das Dao als das Absolute geht dem Universum voraus. Es ist der Urgrund aller Erscheinungen, die Mutter der Welt.

Es gibt ein Wesen, ununterschieden und doch vollendet,
entstanden noch vor dem Himmel und der Erde.
Wie still! Wie einsam!
Es steht allein und verwandelt sich nicht.
Es kreist überall und erschöpft sich nicht.
Man kann es als die Mutter der Welt betrachten.
Ich kenne seinen Namen nicht.
Um es zu benennen, sage ich Dao. (25)

Wie eine Mutter ein Kind in sich trägt, trägt das Dao das gesamte Universum als Keim in sich. Alles Seiende ist aus ihm hervorgegangen. Die Weltentstehung wird im Daoismus als ein Prozess des Werdens verstanden. Dieser Prozess wurzelte im Dao und verlief in mehreren Schritten. Er ist kein Schöpfungsakt, und es gibt keinen Schöpfer. So liegen der Bildung der Welt weder eine Absicht noch ein Plan zugrunde. Die Welt entstand »spontan« oder, wie es wörtlich heißt: »aus-sich-selbst-seiend«.

Das gesamte Universum ist ein lebendiger, sich wandelnder Organismus. Raum, Zeit und alle Gesetzmäßigkeiten, die in ihm wirken, entspringen dem Dao. In dieser Hinsicht gilt das Dao auch als das höchste Ordnungsprinzip im All.

Das Dao steht über allem, auch über allen Göttern. Es ist das gestaltlose Urchaos, welches man nicht negativ auffassen darf. Laozi verweist auch auf das Dao als die höchste Leere. Es erscheint paradox, dass gerade die formlose Leere alle Gestaltungen des Universums keimhaft in sich trägt. Doch wäre das Dao selbst eine Form und wäre es angefüllt, wie könnte es dann das All umfassen? Allumfassend vermag das Dao nur deshalb zu sein, weil es wesensmäßig völlig leer ist. Dasselbe gilt für die Formlosigkeit. Gerade weil das Dao formlos ist, kann es jede beliebige Form annehmen. Dieser Grundgedanke findet sich auch im Laozi-Mythos wieder. Als die Inkarnation des Dao vermag sich der Höchste Herr Lao dem universellen Geschehen in immerwährender Wandlung völlig anzupassen. Ebenso kann er bei seinen Erscheinungen auf der Erde die unterschiedlichsten Körper annehmen.

Das Dao ist auch das Nichts, das Nichtseiende (*wu*), welches aus sich selbst das Seiende (*you*) hervorbringt. In sich ist das Dao das formlose Nichts, was identisch ist mit dem höchsten Sein. Andererseits ereignet es sich auf einer niederen Stufe als die mannigfaltigen Erscheinungen, die Form und Namen haben. Diese Erscheinungen sind konkrete Gestaltungen wie etwa ein Stein, eine Pflanze oder ein Körper; aber auch Gefühle, Gedanken und himmlische Wesen gehören zu den Erscheinungen in der Welt. Das Nichtseiende und die höchste Leere sind bei Laozi identisch. Immer wieder betont der Alte Meister auch die höchste Stille und das Geheimnisvolle als Merkmale des Dao. So können wir also festhalten, dass das Dao das nicht in Worte zu fassende Absolute ist. Versucht man doch, es zu beschreiben, so kommen Worte wie höchste Leere, Nichtseiendes, Stille, Einheit, Formlosigkeit und Geheimnis seinem Wesen am nächsten.

Die Idee der Leere spielt im *Daode jing* eine große Rolle. Zum einen sind das Nichts und die Leere auf der höchsten Ebene Synonyme des Dao. Zum anderen sind sie auch in der Erscheinungswelt von großer Tragweite. Denn gerade sie ermöglichen die Entfaltung des eigentlichen Sinns oder Zwecks der Dinge der Welt. So heißt es im *Daode jing*:

Dreißig Speichen umgeben eine Nabe –
in dem Nichts gründet das Nützliche des Wagens.
Ein Gefäß wird aus Ton geformt –
in dem Nichts gründet das Nützliche des Gefäßes.
Beim Bau eines Zimmers werden Fenster und Türen
ausgespart –
in dem Nichts gründet das Nützliche des Raumes. (11)

Nur aufgrund seiner Leere vermag ein Gefäß etwas in sich aufzunehmen und so seiner Bestimmung gerecht zu werden. Ebenso muss der Mensch leer von sich werden, um mit etwas viel Größerem, dem Dao, ausgefüllt werden zu können. Die Leere ist bei Laozi etwas äußerst Positives und kann in mancher Hinsicht mit der Empfänglichkeit gleichgesetzt werden.

Während die Gestaltungen im Universum differenziert und vielfältig sind, ist das Dao die ungeschiedene Einheit. Alle Gestaltungen sind entstanden und müssen wieder vergehen. Die Ureinheit dagegen ist unendlich und ewig. Das Vergängliche entspringt dem unvergänglichen Dao und kehrt auch wieder in es, in die ursprüngliche Heimat, zurück.

Im *Daode jing* steht: »Die Rückkehr ist die Bewegung des Dao.« (40) Die Idee der Rückkehr hat zwei Aspekte. Zum einen weist sie auf ein Weltbild und eine Naturanschauung hin, in deren Zentrum die Vorstellung eines Kreislaufs steht. Zum anderen bedeutet sie eine Umkehr des Menschen zum Dao. Der Mensch kann mit dem ewigen Urgrund, aus dem er sich in seinem gewöhnlichen, vergänglichen Dasein entfernt, wieder in Verbindung treten – etwa dadurch, dass er das Eine umfasst und die Stille bewahrt, wie Laozi es ausdrückt. Im daoistischen Sinne ist daher Fortschritt oder Entwicklung stets Rückkehr oder Umkehr.

Wie zuvor gesagt, ist das Dao höchste Stille und Leere. Gleichzeitig wirkt es in der Welt. Die Wirkungen des Dao nennt Laozi *de*, »Wirkkraft«. Im allgemeinen Sprachgebrauch wird *de* mit »Tugend« übersetzt, und so erscheint es auch häufig in Übersetzungen des *Daode jing*. Die Tugend ist in diesem Kontext das Taugende, das

Tüchtige, das Kraftvolle, die wirkende Kraft. Auch der chinesische Begriff *de* impliziert eine Wirksamkeit und weist auf spezifische, erfahrbare Wirkungen hin.

Während das Dao der schöpferische Urgrund ist, hat seine Wirkkraft eine nährende Funktion, wie es im 51. Abschnitt des *Daode jing* heißt: »Das Dao bringt hervor, seine Wirkkraft nährt.« Die Wirkkraft äußert sich ebenfalls in Werten wie Güte, Reinheit und Aufrichtigkeit. Unter den Menschen zeigt sie sich in der Person des Weisen. Dieser hat das Dao erkannt und bekundet es in einem »tugendhaften« Dasein. Seine Tugend steckt andere Menschen an, sie strahlt in die Umgebung aus. Mit anderen Worten: Die Kraft des Dao wirkt durch den Weisen in die Welt hinein. Unter »Tugend« versteht Laozi grundsätzlich eine Lebensweise, die dem Dao völlig entspricht.

DIE NATÜRLICHKEIT

Ein weiterer zentraler Begriff im Buch *Laozi* wird mit dem chinesischen Wort *ziran* umschrieben. *Ziran* ist das, was aus sich selbst (so) ist, und wird mit den Wörtern »spontan«, »natürlich«, »Spontaneität« und »Natürlichkeit« übersetzt. Zwar definiert Laozi diesen Begriff nicht, aber es zeigt sich, dass er sich damit auf Entfaltungsprozesse bezieht, in die nicht künstlich eingegriffen werden darf. Zum einen ist die Weltentstehung ein spontanes Ereignis. Zum anderen sind auch der Wandel und die Entfaltung aller Erscheinungen im Universum spontane und natürliche Vorgänge. Da sie letztlich ihren Ursprung im Dao haben und somit das Dao in ihnen anwesend ist, werden sie als etwas Natürliches, Harmonisches und damit »Gutes« verstanden, in die sich der Mensch nicht eigenmächtig einmischen sollte.

Diese Natürlichkeit oder Spontaneität ist den Einzeldingen und -wesen eigen und zeigt sich genauso im harmonischen Zusammenspiel aller Erscheinungen im Universum. Der daoistische Weise unterstützt die Natürlichkeit und wird somit dem Dao gerecht. Dies tut er, indem er selbst »gering« wird und den natürlichen Lauf der Dinge zulässt.

Darum wünscht der Weise, nicht zu wünschen.
Seltene Güter schätzt er nicht.
Er lernt die Ungelehrtheit.
Er wendet sich zurück zu dem, woran die Menge vorbeigeht.
So unterstützt er die zehntausend Dinge und Wesen in ihrer Spontaneität
und wagt es nicht, zu handeln. (64)

In welcher Beziehung Spontaneität und Dao zueinander stehen, geht aus dem 25. Abschnitt des *Daode jing* hervor:

Der Mensch richtet sich nach dem Vorbild der Erde.
Die Erde richtet sich nach dem Vorbild des Himmels.
Der Himmel richtet sich nach dem Vorbild des Dao.
Das Dao richtet sich nach (dem Vorbild des) *ziran*.

Der letzte Satz dieser Stelle wird unterschiedlich interpretiert. Eine Lesart ist, dass das Dao sich nach dem Vorbild seiner selbst, das heißt nach sich selbst, richtet. Eine zweite Deutung schlägt Li Xiaogan vor: Danach nimmt sich das Dao die Natürlichkeit zum Vorbild. Zwar ist das Dao die höchste Wirklichkeit, doch die Natürlichkeit ist für alles das übergeordnete Vorbild. Daher erachtet er *ziran*, die Spontaneität oder Natürlichkeit, als das höchste Prinzip im Universum und als den Hauptwert in Laozis Lehre.[29] Die Natürlichkeit erfordert eine bestimmte Haltung in der Welt, die bei Laozi in gewisser Weise eine Zurückhaltung ist, wörtlich ein »Nichthandeln«.

NICHTHANDELN UND HANDELN

Das Dao ist ewig ohne Tun,
und doch bleibt nichts ungetan.
Könnten Fürsten und Könige dieses (Nichttun) beibehalten,
wandelten sich die mannigfaltigen Wesen und Dinge von selbst.

Wandelten sie sich und kämen dabei Wünsche auf,
so würde ich diese mit der Einfachheit des
Namenlosen verbannen.
Die Einfachheit des Namenlosen bewirkt
Wunschlosigkeit.
Wunschlosigkeit führt zur Stille.
Dann findet alles in der Welt von selbst seinen Platz. (37)

Wörtlich bedeutet *wuwei* »nicht tun«, »ohne Handeln« oder »das Nichthandeln«. Es wird darüber hinaus als »absichtsloses Handeln« oder »nicht wider die Natur handeln« übersetzt. Wie vieles im *Daode jing* ist auch dieses Nichttun schwer zu verstehen und kann wohl, wenn überhaupt, nur in Ansätzen erahnt werden.

Das Nichthandeln ist eng verwandt mit der Idee der Natürlichkeit. Es ist eine Haltung, die das zutiefst Natürliche im Kosmos unterstützt. Es ist in erster Linie eine Eigenschaft des Dao und somit auch des Weisen, der das Dao verkörpert. Daher erwähnt Laozi das Nichthandeln fast ausschließlich im Zusammenhang mit dem Weisen. Dennoch ist es ebenso für gewöhnliche Menschen ein anzustrebendes Ziel, wird ihnen doch stets der Weise als Vorbild gegeben für die richtige Lebensführung. Überdies gilt das Nichthandeln als Notwendigkeit für eine gute Regierung und als der ideale Weg eines Herrschers. Wie aus dem oben genannten Zitat hervorgeht, führt eben das Nichthandeln zur Natürlichkeit. Ist also die natürliche Ordnung in der Welt aus den Fugen geraten, etwa weil die Menschen sich nach künstlich geschaffenen Werten richten, so kann die Enthaltsamkeit gegenüber der Geschäftigkeit der Welt wieder zur natürlichen Ordnung verhelfen.

Wie aus dem *Daode jing* hervorgeht, schließt das Nichthandeln ein Handeln nicht aus. Vielmehr erkennt derjenige, der das Nichthandeln übt:

Das Große beginnt im Kleinen, das Viele im
Wenigen. (...)
Auf der Welt gibt es schwierige Dinge.
Sie müssen gemacht werden, wenn sie noch leicht sind.
Auf der Welt gibt es große Dinge.

Sie müssen gemacht werden, wenn sie noch klein sind.
Darum beginnt der Weise nie mit Großem
und vermag so Großes zu vollenden. (63)

An anderer Stelle heißt es:

Das Weicheste in der Welt besiegt das Härteste in der Welt.
Das Nicht-Seiende dringt auch in das ein, was keine Öffnung hat.
Daher weiß ich von der Förderlichkeit des Nichthandelns.
Der wortlosen Belehrung, der Förderlichkeit des Nichthandelns
begegnet man nur selten auf der Welt. (43)

Das Nichthandeln erscheint im *Daode jing* als ein großer Wert. Es ist dem Handeln oder dem aktiven Eingreifen überlegen. Laozi zufolge gibt es zwei völlig unterschiedliche Ebenen des Seins, nämlich das dem Dao entsprechende Nichtseiende, in unseren Worten das höchste Sein, und das Seiende, also das, was in der Welt vorhanden ist. Angesichts dessen wäre es möglich, das Nichthandeln der

Martin Buber über das Nichthandeln

Dieses Tun, das »Nichttun«, ist ein Wirken des ganzen Wesens. In das Leben der Dinge eingreifen heißt sie und sich schädigen. Ruhen aber heißt wirken, die eigne Seele reinigen heißt die Welt reinigen, sich in sich sammeln heißt hilfreich sein, sich Tao ergeben heißt die Schöpfung erneuern. (...)
Dieses Tun, das »Nichttun«, ist ein Wirken aus gesammelter Einheit. In immer neuem Gleichnis sagt es Tschuang-Tse, daß jeder das Rechte tut, der sich in seinem Tun zur Einheit sammelt. Wer auf eines gesammelt ist, dessen Wille wird reines Können, reines Wirken, denn wenn im Wollenden keine Scheidung ist, ist zwischen ihm und dem Gewollten – dem *Sein* – keine Scheidung mehr; das Gewollte wird Sein.
Dieses Tun, das »Nichttun« steht im Einklang mit dem Wesen und der Bestimmung aller Dinge, das ist mit Tao.[30]

Ebene des Dao und das Handeln der Ebene der Erscheinungswelt zuzuordnen. Da die Erscheinungswelt an sich nichts Negatives ist, ist auch das Handeln nichts Negatives. Allerdings geht es letztlich darum, des Dao gewahr zu werden und sich auch im Nichthandeln nach ihm auszurichten. Je leerer ein Mensch an sich selbst wird und je mehr er das Dao erkennt, desto besser wird er auch verstehen, was mit dem Nichthandeln gemeint ist.

DER WEISE

Laozi hebt den Weisen oder, wie es in manchen Übersetzungen heißt, den Heiligen oder Berufenen, nachdrücklich von den gewöhnlichen Menschen ab. Unter den Menschen steht der Weise dem Dao am nächsten. Er hat die hohe Stufe der Selbstvervollkommnung erreicht und bekundet in seinem Dasein und Leben das Dao und dessen Wirken. In dieser Hinsicht ist er allen Menschen, auch dem Herrscher, ein Vorbild. Er lebt völlig im Einklang mit dem Dao und steht auch für die vollendete Verwirklichung der Lehre oder Weisheit, die im *Daode jing* dargelegt ist.

Der Weise will nichts für sich. Seiner selbst hat er sich entäußert und ist daher bar aller persönlichen Wünsche. So kann er die Herzen der Menschen zu seinem Herzen machen. Unparteiisch allen Menschen gegenüber, lässt er jedem seine Güte zuteil werden. Instinktiv erkennen die Menschen seine Weisheit und sein vollendetes Dasein. Daher wenden sie sich ihm gern zu und nehmen ihn als Vorbild an.

> Der Weise hat kein gewöhnliches Herz.
> Er macht die Herzen der Menschen zu seinem Herzen.
> Den Guten begegne ich gütig.
> Den Nicht-Guten begegne ich auch gütig.
> Die Wirkkraft (des Dao) ist gütig.
> Den Lauteren begegne ich lauter.
> Den Unlauteren begegne ich auch lauter.
> Die Wirkkraft (des Dao) ist lauter.
> Der Weise lebt auf der Erde, völlig mit ihr verbunden,

und er umfängt in seinem Herzen die ganze Welt.
Alle Menschen richten Ohren und Augen auf ihn,
und der Weise nimmt sie an als seine Kinder. (49)

Der Weise praktiziert das Nichthandeln und greift nicht in den natürlichen Verlauf des Geschehens ein. Vielmehr wirkt er in aller Stille durch sein vollendetes Dasein, das auf die gesamte Umgebung ausstrahlt. Er unterstützt die Menschen und lässt sie sich frei entfalten.

Er ist geradlinig, ohne (andere) zu beschneiden.
Er ist lauter, ohne zu verletzen.
Er ist echt, ohne sich zur Schau zu stellen.
Er leuchtet, ohne zu blenden. (58)

VOM RICHTIGEN REGIEREN

Insbesondere dem Herrscher wird der Weise als Idealbild vor Augen geführt. An einigen Stellen des *Daode jing* spricht der Weise selbst zum Herrscher und lehrt ihn eine Regierungsform in Übereinstimmung mit dem Dao.

Das ideale Staatswesen ist Laozi zufolge nicht die Demokratie, sondern ein Staat, an dessen Spitze ein Herrscher steht, der des Dao gewahr geworden ist und der dem Dao entsprechend in der Welt wirkt. Das höchste Prinzip des Herrschers sollte das Nichthandeln sein. Denn wenn ein Herrscher ordnend eingreift, dann dies wider die Natur. Die natürliche Ordnung verkehrt sich in Unordnung, und das Volk wird verblendet. Erlässt er zu viele strenge Gesetze, so sinnt das Volk nach Listen, um diese zu hintergehen. Dagegen reagiert das Volk auf eine stille, natürliche und unaufdringliche Regierung mit Aufrichtigkeit und Zuverlässigkeit.

Es zeichnet also einen guten Herrscher aus, dass er sich im Hintergrund hält. Gerade dann, wenn er sich selbst zurücknimmt, geht alles einen guten Gang, und die Menschen leben im Einklang mit dem Prinzip der Natürlichkeit.

Von den ganz Großen (Herrschern) weiß man kaum,
dass sie da sind.

(...) Die Arbeit wird getan, die Dinge nehmen
ihren Lauf.
Und die Menschen sagen alle:
»Wir sind, wie es der Natur entspricht.« (17)

Ein bekannter Satz aus dem *Daode jing* lautet: »Ein großes Land soll man so leiten, wie man kleine Fische brät« (60) – also vorsichtig und achtsam, ohne allzu oft die Fische zu wenden, da sie sonst zerfallen.

In erster Linie beruht eine gute Regierung auf der Selbstvervollkommnung des Herrschers und auf seiner Fähigkeit, die dem Dao eigenen Qualitäten zu pflegen und dadurch seinem Volk Vorbild zu sein. Strenge Gesetze und ein von Menschenhand geschaffenes Regelwerk stören nur die dem Dao entspringende Ordnung und bringen die Menschen aus dem natürlichen Gleichgewicht. Daher lehnt das Buch *Laozi* sie ab. Der Weise lehrt den Herrscher:

Wenn ich nichts tue,
wandelt sich das Volk von selbst.
Wenn ich die Stille liebe,
wird das Volk von selbst redlich.
Wenn ich die Geschäfte meide,
wird das Volk von selber wohlhabend.
Wenn ich keine eigenen Wünsche habe,
wird das Volk von selber schlicht. (57)

Waffen, sagt Laozi, sollten nur im äußersten Notfall eingesetzt werden, denn Kriege haben immer Elend und Armut zur Folge und müssen daher vermieden werden. Wenn es doch zum Kampf kommt und ein Sieg errungen wird, so sollte er dem Herrscher nicht Anlass zur Freude, sondern zur Trauer sein. Denn Siegesfreude käme einer Freude am Tod vieler Menschen gleich. Daher verhält sich ein edler Herrscher nach einer siegreichen Schlacht wie auf einer Trauerfeier. Frieden und Gewaltlosigkeit im eigenen Land zu schaffen gehört zu den Hauptaufgaben des Herrschers.

LAOZI UND SEIN WERK IN DER RELIGIÖSEN PRAXIS

Der Höchste Herr Lao, das *Daode jing* und andere Schriften, die er offenbart hat, sind für die religiöse Praxis der Daoisten in verschiedener Hinsicht von Bedeutung. Die mystische Lehre des *Daode jing* diente Suchenden von Anbeginn als Weg zur spirituellen Entfaltung. Mit der Erkennung von Laozi als Gott galten auch seine Schriften als heilig. Aufgrund des sakralen Ursprungs wohnt ihnen eine besondere Kraft inne, die in der Rezitation für den Menschen wirksam wird. Daher gilt im Daoismus die Rezitation als Heilsweg. Ebenso wichtig sind Meditationen, in denen der Höchste Herr Lao visualisiert wird. Auch rufen Priester den Gott bei Ritualen und Gläubige bei der Meditation sowie im Alltag zum Schutz an.

MYSTIK

Das Buch *Laozi* ist ein bedeutendes mystisches Werk des frühen Daoismus. Aus jener Zeit stammen weitere mystische Texte: das Buch *Zhuangzi* (*Meister Zhuang*) und Tei-

GUANZI

Die Textsammlung *Guanzi* wurde in der Zeit zwischen dem vierten und ersten Jahrhundert v. Chr. kompiliert, wird aber traditionell dem Minister Guan Zhong zugeschrieben. Von seinem Namen leitet sich der Titel des Buches ab. *Guanzi* umfasst 72 Schriften, von denen vier zur daoistischen Mystik gehören: »Das innere Werk«, »Die Kunst des Herzens« in zwei Teilen und »Das gereinigte Herz«.

»Das innere Werk« ist der älteste Text. Er besteht aus Versen und beschreibt eine innere Praxis der Selbstumwandlung in der Meditation mit dem Ziel, des Dao im eigenen Herzen gewahr zu werden. Im Zentrum der Praxis steht die tiefe Stille, aber es werden auch Hinweise auf Praktiken der Lebenspflege gegeben.

le der Kompilation *Guanzi* (*Meister Guan*). Welche spirituelle Praxis mit diesen Schriften in ihrer Anfangszeit verbunden war, ist uns nicht bekannt. Doch die Texte selbst legen diesbezüglich einige Vermutungen nahe.[31]

Laozi vermag Suchenden einen Weg zur mystischen Erfahrung zu öffnen. Das Buch könnte nicht in dieser Weise wirken, wenn ihm nicht mystische Erfahrungen des Menschen oder der Menschen zugrunde lägen, auf die seine Worte zurückgehen. Das Buch *Zhuangzi* und einige Texte des *Guanzi* zeugen von solchen Erfahrungen in ähnlicher Weise. Alle drei Schriften oder zumindest Teile von ihnen entstanden etwa zur gleichen Zeit. Es muss demnach damals und auch schon vorher eine spirituelle Lehre und Praxis gegeben haben, die daoistisch geprägt war, wenngleich wir noch nicht von einer organisierten daoistischen »Schule« sprechen können.

Zwar ist im Hinblick auf jene Zeit gemeinhin von den 100 »Schulen« die Rede – Konfuzius zum Beispiel war ja bekanntlich auch von einer großen Schülerschar umgeben. Doch über Laozi wird nichts dergleichen berichtet. Vielmehr betonen Laozi und Zhuangzi als Daoisten ein gewisses Maß an Zurückgezogenheit. Wahrscheinlich gaben sie ihre Lehren in kleineren Kreisen weiter, in direkter Unterweisung von Meister zu Schüler. Denn letztlich ist ihre Lehre keine öffentlich zu unterrichtende Philosophie, sondern ein spiritueller Weg. Dieser findet natürlich auch im alltäglichen Leben seinen Ausdruck und umfasst daher durchaus praktische Aspekte wie Hinweise auf rechtes Regieren.

Vor der Entstehung dieser Werke gab es gewiss eine mündliche Überlieferung wie auch eine spirituelle Praxis im Zusammenhang mit ihren Lehren, etwa eine Form der Meditation. Das *Daode jing* enthält Andeutungen von Atem- und Lebenskraftpraktiken. Doch werden diese Praktiken nicht eigenständig erörtert, sondern immer in einen Bezug gesetzt zu einer geistigen Disziplin, etwa zum Bewahren der Stille oder Umfangen der Einheit. So heißt es zum Beispiel im zehnten Abschnitt des *Daode jing*:

Wenn du inmitten des geschäftigen Lebens das Eine umfängst,
kannst du dich dann nicht mehr von ihm trennen?
Wenn du die Lebenskraft sammelst und ganz weich wirst,
kannst du da wie ein Kind sein?
Wenn du den geheimnisvollen Spiegel frei wischst,
kannst du ihn dann ohne Flecken halten?
Wenn du die Menschen liebst und das Land regierst,
kannst du da ohne Handeln sein?
Wenn die Tore des Himmels sich öffnen und schließen,
kannst du da weiblich sein?
Wenn du alle vier Himmelsrichtungen erhellst,
kannst du dabei ohne Wissen sein?

Aus verschiedenen Abschnitten des *Daode jing* geht hervor, dass ein erster Schritt auf dem Weg des Mystikers das »Geringwerden« ist. Die Tätigkeit der Sinne, die gewöhnlich auf die Außenwelt gerichtet sind, soll eingeschränkt werden. Außerdem gilt es, sich von Gedanken, Emotionen und Wünschen zu lösen, ebenso vom Wissen, von bestimmten Moralvorstellungen und materiellen Gütern. Dieser Zustand der inneren Armut entsteht durch die Bewahrung der Stille.

Sich nach innen zu wenden und sich der Stille anheim zu geben sind Prozesse einer meditativen Praxis. Unterstützt wird diese innere Sammlung durch die Konzentration auf die Atmung oder die Lebensenergie. So heißt es im zwölften Abschnitt des *Daode jing*, dass der Heilige für den Bauch wirkt und nicht für die Augen. Das bedeutet, er richtet seine Aufmerksamkeit nicht mehr nach außen, sondern nach innen und sammelt die Lebensenergie in einem wichtigen energetischen Zentrum im Abdomen. Das Ziel ist es, ein Dasein zu entfalten, in dem ein Mensch immerzu die Stille bewahrt, zur höchsten Leere gelangt und die Einheit umfängt. Wie wir gesehen haben, stehen die Stille, die Leere und die Einheit für das Dao. Daher wird dieses Ziel auch mit den Worten »das Dao erlangen« umschrieben.

Durch die meditative Praxis stellt sich ein innerer Zustand ein, der sich auf das alltägliche Leben auswirkt. Er ist der Bezugspunkt und die Quelle, von denen das Handeln ausgeht. Der Mensch, der mit dem Dao verbunden ist, es in sich verkörpert und es lebt, trägt dadurch zur Harmonie in der Welt bei. So spricht Laozi zu den Herrschern: »Wenn man durch die Stille wunschlos wird, ordnet sich alles unter dem Himmel von selber.« (*Daode jing*, Abschnitt 37) Das Handeln oder eben das Nichthandeln eines vervollkommneten, von sich selbst befreiten Menschen entspringen nicht mehr seiner Persönlichkeit, sondern dem Dao, mit dem er eine Verbindung eingegangen ist.

Gerade die Schlichtheit des mystischen Weges im Buch *Laozi* findet bei westlichen Menschen großen Anklang. In der reizüberfluteten und in mancher Hinsicht orientierungslosen Welt macht sich die Sehnsucht nach Stille und Einfachheit bemerkbar. *Laozi* scheint diesbezüglich eine Nahrung zu sein, denn seine Weisheit kann auch unabhängig von den religiösen Formen des Daoismus »Lebenshilfe« sein. Dass sie als solche neuerdings für fast alle Lebenslagen vermarktet wird, ist daher nicht besonders verwunderlich. Doch man mag sich fragen, ob dadurch eine Besinnung auf Wesentliches wirklich unterstützt wird oder ob die Schaffung neuer esoterischer Reize eine solche nicht eher behindert. Selbstlos im wahren Sinne des Wortes zu werden und innerlich stets die Stille zu wahren – Laozis Weg ist zweifellos und in positivem Sinne schlicht, doch leicht zu verwirklichen ist er wohl kaum. !!

MEDITATION

In der religiösen Praxis des Daoismus kommt der Meditation große Bedeutung zu. Im Laufe der Geschichte haben sich verschiedene Meditationsformen entwickelt, die zum Teil vom Buddhismus beeinflusst wurden. Der Höchste Herr Lao, das *Daode jing* und andere Texte sind Gegenstand der Kontemplation. So wird etwa über die Verwandlungen des Gottes meditiert, um hinter den verschiedenartigen Gestalten sein wahres Wesen zu schauen.

Der Daoismus kennt eine Form der Meditation, in deren Zentrum die Visualisierung von Göttern steht. Dieser Meditation liegt die Anschauung zugrunde, dass der menschliche Körper als Mikrokosmos ein vollkommenes Abbild des Makrokosmos darstellt. So wie jeder Gott eine himmlische Wohnstätte hat, so bewohnt er auch einen bestimmten Teil des menschlichen Körpers. Der Körper wird als eine belebte und beseelte Landschaft betrachtet. In der Versenkung bereist der Meditierende diese Landschaft und tritt mit ihren »Bewohnern« in Kontakt. Ebenso kann er sich in die himmlischen Gefilde der Götter begeben.

Im Himmel hat der Höchste Herr Lao seinen Platz im Zentrum. Im menschlichen Körper ist er dem Daoismus der Höchsten Klarheit (Shangqing) zufolge die Hauptgottheit im Kopf. Er bewohnt das obere Zinnoberfeld und hat die Kontrolle über den ganzen Körper. Das obere Zinnoberfeld im Inneren der Stirn ist ein wichtiges Zentrum zur Umwandlung der Energien und wird auch mit dem mythischen Berg Kunlun gleichgesetzt. Der Höchste Herr Lao sieht aus wie ein neugeborenes Kind, ist mit einer himmlischen Robe bekleidet und hat drei andere Götter zur Seite. Auch diese Götter sollen visualisiert werden. Sobald der Meditierende sie erblickt, muss er ihre Namen aussprechen, um dadurch die Möglichkeit einer Kommunikation mit ihnen zu schaffen. Bevor er überhaupt mit der Visualisierung beginnt, rezitiert er dreimal das *Daode jing*, denn dies wird als unerlässlich betrachtet, um den Höchsten Herrn Lao vollständig erscheinen zu lassen.

Der Meditierende richtet also seine Aufmerksamkeit nach innen, wird ruhig und empfindet seinen Körper. Er stellt sich aktiv den Gott vor, wodurch dieser gleichsam lebendig im Inneren erscheint. Wie die anderen Götter ist auch der Höchste Herr Lao eine subtile Form der universellen Lebensenergie. Diese wird durch die Visualisierung erweckt. Der imaginierte Gott ist somit nicht geistige Vorstellung, sondern mit allen seinen Qualitäten wirklich im Körper des Meditierenden anwesend. Dadurch eröffnet sich dem Praktizierenden eine Dimension, die seine menschliche weit überschreitet. Er verleibt sich quasi diese subtile Lebensenergie ein und wird zu ihr. Er geht eine Einheit mit dem Dao ein oder gewinnt, um es anders auszudrücken, die Unsterblichkeit.

Die Visualisierung verläuft nicht gemäß eigenen Vorstellungen, sondern ist in den Schriften präzise vorgegeben. Dabei werden unterschiedliche Bilder des Gottes beschrieben. Der Höchste Herr Lao in der Gestalt eines neugeborenen Kindes ist ein Bild. In allen Bildern ist er in seiner Göttlichkeit durch ein besonders bemerkenswertes Aussehen, eine spezielle Kleidung und bestimmte Attribute himmlischer Wesen gekennzeichnet. Oft hat er auch andere Götter oder übernatürliche Wesenheiten zur Seite. So erscheint der Höchste Herr Lao, Ge Hong zufolge, in Begleitung heraldischer Tiere: zwölf blauen Drachen zu seiner Linken, 36 weißen Tigern zu seiner Rechten, 24 roten Vögeln vor ihm, 72 schwarzen Schildkröten hinter ihm, Blitzen und Donnerschlägen über ihm. Beschreibungen wie diese sind äußerst symbolträchtig: Ob Zahlen, Farben, Tiere, Himmelsrichtungen oder Naturgewalten – grundsätzlich haben alle Bildelemente eine symbolische Bedeutung, die der meditierende Daoist kennt.

Die innere Reinheit ist eine grundsätzliche Vorbedingung für solche Meditationen, weshalb ihr stets verschiedene Vorbereitungen vorausgehen, etwa Gebete, das Abbrennen von Räucherwerk oder körperliche Praktiken im Zusammenhang mit der Lebensenergie.

Die Visualisierung von Göttern gleicht außerdem einer Anrufung um Schutz. Eine gängige Praxis ist, zu Beginn der Meditation bestimmte Götter zu visualisieren, die dann im Raum einen Platz einnehmen und ihn heiligen. Sie schützen den Adepten vor negativen Einflüssen und helfen ihm bei weiteren Visualisierungen, spirituellen Prozessen oder Langlebigkeitspraktiken. Die Visualisierung des Höchsten Herrn Lao, der Inkarnation des Dao, bedeutet für den Gläubigen ebenfalls Schutz. Und sie verleiht ihm tiefe Einsicht und Langlebigkeit.[32]

REZITATION

Von Anbeginn bis heute wird das *Daode jing* als ein Haupttext des Daoismus immer wieder gelesen und studiert. Fromme Daoisten versenken sich in seine Worte, denn für sie ist das Buch *Laozi* eine heilige Schrift. Natürlich hat dieses Buch durch den Glauben an die Göttlichkeit Laozis einen höheren Stellenwert gewonnen im Vergleich zu einem Werk der Philosophie, der Politik oder der Praxis der Langlebigkeit. Wie wir gesehen haben, steht der Höchste Herr Lao für das Dao, und insofern ist das *Daode jing* als eine Emanation des Dao zu betrachten.

Grundsätzlich wurden die daoistischen Bücher von ihrem Ursprung her als himmlische Schriften erachtet, die zunächst unzählige Weltzeitalter lang in der Götterwelt überliefert worden waren. Erst dann kamen sie in die Menschenwelt, zum Beispiel durch Offenbarung. Die ursprüngliche Lebensenergie, das Dao selbst, bildet den Urgrund der heiligen Schriften. Diese Lebensenergie verfestigte sich zunehmend, zunächst in verschiedenartigen himmlischen Zeichen oder Schriftarten und schließlich in »Buchform«.

Heilige Schriften sind somit die grobstoffliche Gestalt einer sehr hohen und feinen Kraft. Da sie aus einer sakralen Quelle stammen, wohnt ihnen eine ganz besondere »göttliche« Wirkkraft inne, die den Gläubigen vor Unheil schützt, ihm auf seinem religiösen Weg Lehrer ist und ihn zur Vollendung führt. Daher waren in alten Zeiten schon die Schriften als solche Gegenstände der Verehrung, und es hieß, dass sie wie ein Schatz gehütet werden sollten. Die Rezitation heiliger Schriften erachten aus diesem Grund alle daoistischen Richtungen für wichtig und Heil verheißend. Welche Texte in den einzelnen Schulen rezitiert werden, ist unterschiedlich. Das *Daode jing* jedoch gilt überall als wegweisend.

Daoistischer Anschauung nach kann ein Mensch durch die Rezitation des *Daode jing* Erlösung erlangen, das Dao erkennen oder unsterblich werden. In der *Schrift über die Verwandlungen von Laozi* heißt es, dass Laozi seinen Gläubigen erschien und zu ihnen sprach:

Wenn ihr Tag und Nacht an mich denkt,
werde ich euch nicht verlassen.
Wenn ihr im Wachen und Träumen an mich denkt,
erscheine ich euch als ein Zeichen eures Glaubens. (...)
Ich habe euch einen Text überliefert.
Wenn ihr mich erkennen wollt,
rezitiert zehntausend Mal die *Fünftausend-Zeichen-Schrift*.

Die Rezitation der *Fünftausend-Zeichen-Schrift*, wie das *Daode jing* auch genannt wird, war schon sehr früh verbreitet. So veranlasste die daoistische Kaiserinmutter ihren Sohn, Kaiser Jing (reg. 156–141), die regelmäßige Rezitation des Buches im ganzen Reich zu befehlen. Zunächst wurde das *Daode jing* eher in gelehrten Kreisen und unter Aristokraten gelesen, die ihr Augenmerk auf die spirituelle Entwicklung sowie ein moralisches Verhalten legten. Dann ging der Text als heilige Schrift auch in die vielfältigen Kulte ein, wo er um der Heilung und der Unsterblichkeit willen rezitiert wurde. Später integrierten die Daoisten die *Daode jing*-Rezitation in die Meditation und ins liturgische Ritual.

Weil das *Daode jing* eine heilige Schrift ist, sollte für die Rezitation ein angemessener Rahmen geschaffen werden – innerlich wie äußerlich. Vorbereitungen zur Rezitation sind wie bei der Meditation etwa Reinigungen, Verbeugungen, Atem- und Lebenskraftpraktiken, das Verbrennen von Räucherwerk, Gebete und die Anrufung von Göttern. Ganz ähnlich muss die Rezitation auch beendet werden. Die daoistischen Schriften überliefern hierzu detaillierte Anweisungen. Prinzipiell geht es bei diesen rituellen Handlungen darum, den äußeren und inneren Raum zu reinigen, zur Ruhe zu kommen und sich von sich selbst zu lösen, um auf diese Weise dem Göttlichen einen geeigneten Aufenthaltsort zu schaffen. Wird das Buch *Laozi* mit der entsprechenden inneren Haltung rezitiert, so tritt der Rezitierende mit dem Höchsten Herrn Lao selbst in Kontakt, und es findet ein Austausch statt. Dasselbe gilt für die anderen heiligen Schriften, die der Gott im Laufe der Geschichte den Menschen überliefert hat.

GEBOTE UND VORSCHRIFTEN

Wie alle anderen Religionen gibt auch der Daoismus seinen Gläubigen bestimmte Gebote und Regeln vor. Einige dieser Gebote gehen auf Offenbarungen des Höchsten Herrn Lao zurückt. Sie stammen aus der Zeit um das fünfte Jahrhundert n. Chr. und wurden in drei unterschiedlichen Texten überliefert.

Wie schon erwähnt, offenbarte der Höchste Herr Lao dem Daoisten Kou Qianzhi im Norden des Landes den »neuen Kodex«, auf dessen Grundlage Kou Qianzhi den Daoismus der Himmelsmeister reformierte. Dieser Kodex enthält 36 Anweisungen, die sich zum Beispiel auf das Verhalten eines Daoisten im öffentlichen Leben, auf Rituale, Gebete, Begräbnisse, die Behandlung von Krankheiten und Unsterblichkeitspraktiken beziehen.

Eine Schrift der südlichen Himmelsmeister listet 180 Vorschriften aus göttlicher Offenbarung auf. Sie legen besonderen Wert auf die Güte und Rechtschaffenheit des Menschen in der daoistischen Gemeinschaft und in der Gesellschaft. So ist es etwa streng verboten, zu stehlen, zu töten, anderen Böses zuzufügen oder Sklaven und Tiere zu quälen. Rauschmitteln sollte man sich enthalten und ebenso keinen persönlichen Reichtum anhäufen. Neben moralischen Regeln werden auch Vorschriften für die Ordination gegeben.

Die dritte Gruppe von Geboten lehnt sich an die fünf buddhistischen Vorschriften an, die es untersagen, zu töten, zu stehlen, zu lügen, Ehebruch zu begehen und Rauschmittel zu sich zu nehmen. Diese fünf Gebote werden im Daoismus der Vollkommenen Wirklichkeit (Quanzhen), der eine der beiden Hauptströmungen des heutigen Daoismus ist, dem Adepten bei seiner ersten Ordination übergeben.

Doch der Höchste Herr Lao offenbarte den Menschen nicht nur moralische Regeln für ein gutes Zusammenleben und Anweisungen zur Ausführung von Ritualen, sondern auch magische Zaubersprüche und wirkkräftige Schrifttalismane. Und er ist bei Ritualen selbst anwesend. Der Priester ruft ihn durch Gebete herbei, um sich seiner

Unterstützung und seines Schutzes bei der Ausführung des Rituals zu versichern. Dies können liturgische Rituale sein, aber ebenso Rituale zur Krankenheilung oder zur Vertreibung von Dämonen. Außerdem rezitieren Adepten und Priester die Zaubersprüche des Gottes und konzentrieren sich auf seine Schrifttalismane, um so mit einer höheren, universalen Kraft in Kontakt zu treten und sie den Menschen zugute kommen zu lassen.

DIE VEREHRUNG DES HÖCHSTEN HERRN LAO

Wie die Geschichte zeigt, wurde der Höchste Herr Lao nicht nur in kaiserlichen, sondern auch in volkstümlichen Steininschriften geehrt. Diese Inschriften enthielten oft Bitten um Schutz und Segen. Im Volk war auch der Gebrauch von Schrifttalismanen und Zaubersprüchen des verehrten Gottes verbreitet. Diese halfen den Gläubigen und bewahrten sie vor Unheil, sei es bei der religiösen Praxis oder bei ganz alltäglichen Dingen wie finanziellen Geschäften. Der Höchste Herr Lao war für sie ein Gott, der den Menschen nahe steht und dessen Unterstützung man in allen Lebenslagen erflehen kann.

In der heutigen Zeit ist der Höchste Herr Lao hingegen jedem bekannt, aber weniger populär als andere Götter. In erster Linie sehen die Chinesen in Laozi vornehmlich den Philosophen und den Autor des *Daode jing*. Dagegen spielt der göttliche Laozi in religiösen Gemeinschaften weiterhin eine große Rolle. So gehört die Rezitation seiner offenbarten *Schrift über Reinheit und Ruhe*[33] (*Qingjing jing*) immer noch zur täglichen Praxis des Daoismus der Vollkommenen Wirklichkeit. Auch rufen seine Gemeinschaften den Höchsten Herrn Lao bei wichtigen Feiern an, zum Beispiel bei Gedenkfeiern für die Ahnherren ihrer Schule.

Für alle Daoisten ist Laozis mutmaßlicher Geburtstag ein wichtiger Feiertag. Er fällt auf den 15. Tag des zweiten Mondmonats. In China, Hongkong und Singapur wird dieser Tag »Tag des Daoismus« genannt. An ihm kommen die Daoisten zusammen, beten und rezitieren Passagen aus dem *Daode jing* oder anderen Offenbarungsschriften. Es finden Aussprachen über die Lehren statt, um ein tieferes Verständnis zu gewinnen.

Natürlich wird dem Höchsten Herrn Lao vor seinen Statuen in den Tempeln Ehrerbietung bezeugt. Oft findet man die Gemeinschaft der höchsten drei Götter zusammen. Aber es gibt auch eigene Statuen des Höchsten Herrn Lao und ebenso Verehrungsstätten, die ihm allein geweiht sind, zum Beispiel eine Halle im Tempel der Weißen Wolken in Peking. Nach langen Jahrzehnten religiöser und geistiger Dürre blühen die Heiligtümer des Gottes nun langsam wieder auf.[34]

LAOZI UND DAS *DAODE JING* IN DER GESCHICHTE

Der Daoismus kennt kein historisches Anfangsdatum und keinen Stifter und entfaltete sich in unterschiedlichen Entwicklungssträngen. Erste daoistische Schriften wie die Bücher *Laozi* und *Zhuangzi* und die Praktiken der Meister der Techniken waren für die Entwicklung der Religion von großer Bedeutung.

Zunächst entwickelte sich der Daoismus in kleineren Gruppen oder Gemeinschaften: Die ersten großen Organisationen mit Tausenden von Anhängern entstanden erst im zweiten Jahrhundert n. Chr. Eine von ihnen war die Tradition der Himmelsmeister, die daoistische Kirche, die bis heute besteht. Im Laufe der Geschichte kam es zur Bildung verschiedener Schulen. Zwar hatte jede Strömung ihre eigene geistige Ausrichtung, doch ebenso gab es auch gemeinsame Grundlagen, die vielfach auf das *Daode jing* zurückgehen. So betrachten alle Daoisten etwa das Dao als das Absolute. Im zwölften Jahrhundert wurde der Daoismus der Vollkommenen Wirklichkeit gegründet, eine Schule der inneren Alchemie. Sie gehört mit der daoistischen Kirche zu den heutigen Hauptströmungen des Daoismus.

Wenngleich Laozi kein Religionsstifter ist, so wird er doch als der Ahnherr des Daoismus betrachtet; das ihm zugeschriebene Werk bildet eine wichtige geistige Grundlage der Religion. Die frühesten Schriften teilen uns mit, dass Laozi ein Archivar und Weiser unter den Zhou war, dass er Konfuzius belehrte und auf seiner Reise in den Westen das *Daode jing* überlieferte. Um diese kurze Lebensbeschreibung herum entwickelte sich im Laufe der Jahrhunderte ein Mythos, der in den einzelnen daoistischen Richtungen immer weiter und in unterschiedlichen Variationen ausgebaut wurde. So erwählten einige Gruppen oder Schulen den göttlichen Laozi zu ihrem Schutzpatron oder führten ihre heiligen Schriften auf seine Offenbarungen zurück.

Im zweiten Jahrhundert v. Chr. bestand eine daoistische Bewegung, die in dem mythischen Gelben Kaiser, Huangdi, und in Laozi ihre Ahnherren sah und sich daher Huang-Lao-Strömung nannte. Ihre Anhänger waren religiös und politisch orientiert. Sie richteten ihr Streben darauf, menschliches Handeln mit den Gesetzen der Natur in Einklang zu bringen, um auf diese Weise die Harmonie des Universums zu schützen und zu bewahren. Sie verbanden die Selbstvervollkommnung mit politischen Ideen und bemühten sich sogar, in einigen Regierungsbezirken die im *Daode jing* dargelegte Regierung durch Nichthandeln praktisch in die Tat umzusetzen. In ihrem System verschmolzen Laozis Lehre und die Lehre von Yin und Yang. Die Huang-Lao-Strömung ist ein Beispiel für den Einfluss von Laozi und seinem Werk auf den frühen Daoismus.

Der göttliche Laozi war für die Gründung der daoistischen Kirche maßgeblich. Er erschien dem Zhang Jue in einer Vision, machte ihn zum ersten Himmelsmeister und autorisierte ihn zur Verbreitung der Lehre vom Dao. Als in der Han-Zeit (206 v. Chr.–220 n. Chr.) das Papier erfunden wurde, nahm die Buchkultur einen großen Aufschwung. Mehrere Kommentare zum *Daode jing* entstanden. Mit der Erkennung von Laozi als Gott gewann sein Werk eine zusätzliche Dimension. Es wurde den Gläubigen zu einer heiligen Schrift, deren Rezitation Erlösung verhieß.

Laozi war in dieser Zeit in dreifacher Hinsicht von Bedeutung. Die Meister der Techniken sahen in ihm einen Unsterblichen und ihren Patriarchen. Einige Mitglieder des Kaiserhauses und Aristokraten huldigten dem Höchsten Herrn Lao als Personifikation des Dao. Sie betrachteten den Gott als Verkörperung einer idealen kosmischen und politischen Harmonie, brachten ihm Opfer dar und ließen Inschriften zu seinen Ehren verfassen. Schließlich galt Laozi auch den Anhängern der großen daoistischen Organisationen und der volkstümlichen Kulte als Gott. Als solcher war er mehrfach in der Welt erschienen, um diese zu retten, und seine Inkarnationen dauerten an. Man glaubte fest daran, dass er noch einmal wiederkommen und das Zeitalter des Großen Friedens bringen werde – dass er also die bestehenden Missstände, auch die politischen, beseitigen und eine neue Ordnung einführen werde.

Im zweiten Jahrhundert n. Chr. gab es Legenden, die davon erzählten, dass der Höchste Herr Lao auf seiner Reise in den Westen bis nach Indien gelangt sei, wo er die Barbaren bekehrt habe. Diese Geschichten standen im Zusammenhang mit dem Aufkommen des Buddhismus in China. Sie dienten dazu, die Verbreitung der neuen Religion zu erklären und gleichzeitig die eigene kulturelle und religiöse Überlegenheit deutlich zu machen.

Folgende Aspekte stellen den Kern des komplexen Laozi-Bildes dar: Der göttliche Laozi ist die Inkarnation des Dao und erschafft als solche die Welt. Er verwandelt sich und erscheint Herrschern als politischer Ratgeber. In Menschengestalt wird er unter den Zhou geboren, arbeitet als Archivist, emigriert und übermittelt das *Daode jing*. Er offenbart den Menschen die Lehre vom Dao auch in anderen Schriften und inspiriert dadurch die Gründung daoistischer Schulen. Er reist nach Westen und bekehrt die Barbaren.

All diese Vorstellungen über Laozis göttliche Natur, sein Leben und Wirken blieben auch in späteren Jahrhunderten bestehen, wurden jedoch stetig erweitert. Die Legenden und Heiligenbiographien veränderten sich, neue Motive kamen hinzu. So listeten religiöse Texte aus dem vierten Jahrhundert n. Chr. beispielsweise 81 göttliche Kennzeichen des Höchsten Herrn Lao auf und beschrieben ihn damit weitaus detaillierter als je zuvor. Oder die Bekehrungsgeschichte änderte sich dahingehend, dass der Höchste Herr Lao selbst oder der Passwächter Yin Xi in Indien als Buddha wiedergeboren wurden.

Zu jener Zeit gab es bereits tiefgreifende buddhistische Einflüsse auf den Daoismus. Nach der Veröffentlichung der polemischen *Schrift über die Bekehrung der Barbaren* (um 300) wurde das Klima zwischen Daoisten und Buddhisten allerdings merklich angespannter. Es kam zu Debatten, die sich mehr oder weniger heftig bis ins frühe siebte Jahrhundert hinzogen und im 13. Jahrhundert noch einmal aufflammten. Die öffentlichen Wortgefechte gingen unter anderem um die Frage, ob der Daoismus eine chinesische Form des Buddhismus oder der Buddhismus eine Spielart des Daoismus sei.

Diese Auseinandersetzungen beeinflussten auch die Entwicklung des komplexen Laozi-Mythos. Die Daoisten stellten ihren Gott als denjenigen dar, der Indien durch die Religion zivilisiert hatte. Ebenso machten sich aber auch buddhistische Elemente in den Berichten über den Höchsten Herrn Lao bemerkbar. So erhielt er etwa in Anlehnung an die zehn Namen Buddhas ebenfalls zehn göttliche Titel. Während sich die Debatten in den höheren Gesellschaftsschichten abspielten und durchaus nicht von allen Daoisten und Buddhisten mitgetragen wurden, konnte sich ungeachtet dessen gleichzeitig zwischen beiden Religionen dennoch ein fruchtbarer Austausch entwickeln.

Im dritten Jahrhundert n. Chr. verfasste Wang Bi seinen berühmten Kommentar zum *Daode jing*, der im Wesentlichen metaphysisch ausgerichtet ist. Eine Fülle weiterer Kommentare entstand in den folgenden Jahrhunderten. Auch andere Schriften wurden auf den Höchsten Herrn Lao zurückgeführt – von verschiedenen Offenbarungen ist die Rede. So übermittelte der Höchste Herr Lao beispielsweise dem Kou Qianzhi (365–448) einen Regelkanon, anhand dessen Kou Qianzhi den Daoimus der Himmelsmeister reformierte. Der Gott gewann aber auch in der Meditation an Bedeutung: Man visualisierte ihn oder betrachtete in der Kontemplation seine Verwandlungen.

Das sechste Jahrhundert n. Chr. zeigte sich von dem Bemühen geprägt, die zahlreichen daoistischen Lehren und Schulen zu vereinheitlichen. Der Höchste Herr Lao wurde zu einer Hauptfigur der Religion und ging mit zwei anderen Göttern als die höchste Triade ins Pantheon ein. Er galt weiterhin als Inkarnation des Dao, als Schöpfer und Retter der Welt sowie als beispielhafter Übermittler der Lehre vom Dao. Unermüdlich in seinen Bemühungen, die Menschen zu erretten, erschien er immer wieder und trat direkt mit Gläubigen in Verbindung, sei es in Visionen oder Inkarnationen.

Die Kaiser der Tang-Dynastie (618–907) hießen Li und sahen in Laozi ihren Urahn, weshalb die Verehrung des Gottes in jener Zeit besonders ausgeprägt war. Die Schriften berichten auch von zahlreichen Wundern, himmlischen Zeichen und Erscheinungen des Höchsten Herrn Lao. Er war der offizielle Schutzpatron des Reiches und der Familie Li, stand aber auch ebenso vielen anderen frommen Menschen hilfreich zur Seite.

Gegen Ende der Tang-Zeit entstanden einige systematisch aufgebaute Hagiographien. Von dem Wunsch beseelt, die Natur und das Wirken des Höchsten Herrn Lao zu ergründen und seine Rolle im Universum zu verstehen, verfasste der daoistische Autor Du Guangting (850–933) vier Schriften. In der ersten geht er Laozis politischer Rolle nach. Die zweite Schrift ist seinen Wundern und Erscheinungen gewidmet. Die dritte enthält einen Mythos über Geburt und Lehre des Gottes. Dort heißt es, dass der Höchste Herr Lao die Lehre von seiner göttlichen Mutter erhalten habe. Die vierte Schrift stellt eine ausführliche hagiographische Analyse des Gottes dar. Sie berichtet unter anderem, dass Laozi eine Hierarchie der Unsterblichen schuf, dass er die Texte verschiedener Schulen verfasste und den Kulturstiftern der mythischen Vorzeit ihr Wissen vermittelte. Letzteres bedeutet, dass die irdische Zivilisation letztlich dem Höchsten Herrn Lao zu verdanken ist. Dieser ersten systematischen Hagiographie folgten weitere.

In den folgenden Dynastien blieb der Daoismus zwar lebendig, aber der Neo-Konfuzianismus übernahm die Vorherrschaft, während – im Vergleich zu früheren Zeiten – die Verehrung des Höchsten Herrn Lao abnahm. Die Lehren des *Daode jing* waren zwar noch immer hoch geachtet, doch die Bedeutung der daoistischen Kulte schwand. Schließlich führten die geschichtlichen Ereignisse im 20. Jahrhundert zu einem Niedergang aller Religionen in China, und somit hatte auch die Verehrung des göttlichen Laozi ein Ende: Das Heiligtum des Höchsten Herrn Lao in Laozis Geburtsstadt wurde gar zu einer

Schule und einem Büro für städtische und militärische Angelegenheiten umfunktioniert. Das *Daode jing* jedoch überlebte selbst die schrecklichsten Zeiten, denn es wurde zumindest toleriert. In den letzten Jahren allerdings blühte die Forschung zu diesem Buch nicht nur im Westen, sondern auch in China wieder auf.

Von Anbeginn wird in allen daoistischen Schriften über Laozi bzw. über den Höchsten Herrn Lao auf dessen besondere Fähigkeiten und Kräfte hingewiesen. Allerdings hing das Verständnis für den Gott und seine Bedeutung von historischen Umständen ab und unterschied sich von Schule zu Schule, da die einzelnen daoistischen Traditionen bei der Ausformung von Legenden und Hagiographien auch eigene Ziele verfolgten. Gleichzeitig war der Höchste Herr Lao den Gläubigen unbezweifelbare Wirklichkeit: In Meditation und Gebet nahmen sie zu ihm Kontakt auf. Sie erfuhren ihn in Visionen und durch Wunder. Er gehörte zu ihrem religiösen Leben und wurde als kosmische Kraft, als Urheber und Vermittler der Lehre sowie als Schutzherr inbrünstig verehrt.

Heute ist Laozi zwar bekannt und präsent, aber nicht sehr »populär«: Nur die religiösen Gemeinschaften verehren ihn noch als einen wichtigen Gott. Die Mehrheit der heutigen Chinesen achtet Laozi wohl als den Autor des *Daode jing*, aber nicht mehr als den Höchsten Herrn Lao.

Gelange zur höchsten Leere,
bewahre die Fülle der Stille.
Dann erheben sich mannigfaltige Wesen alle zur Tätigkeit,
und ich erschaue darin ihre Umkehr.
Von all den Wesen in ihrer Vielfalt
kehrt ein jedes zu seiner Wurzel zurück.
Rückkehr zur Wurzel heißt Stille.
Dies nennt man die Umkehr zum Leben.
Umkehr zum Leben heißt Ewigkeit.
Die Ewigkeit zu erkennen heißt Erleuchtung.
Die Ewigkeit nicht zu erkennen
führt zu Irrtum und Unheil.
Die Ewigkeit zu erkennen führt zum Zulassen.

Das Zulassen führt zur Offenheit allem gegenüber.
Die Offenheit allem gegenüber führt dazu, alles zu umfassen.
Alles zu umfassen führt dazu, wie die Natur zu sein.
Wie die Natur zu sein führt zum Dao.
Das Dao führt zu ewiger Dauer.
Vergeht der Körper, so besteht darin keine Gefahr.

(Daode jing, Abschnitt 16)

ANMERKUNGEN

[1] Diese und alle weiteren Zitate aus dem *Daode jing* wurden von der Autorin übersetzt.

[2] Zu diesem und dem folgenden Kapitel siehe Graham, A. C.: »The Origins of the Legend of Lao Tan«, in: Kohn, Livia/Lafargue, Michael (Hrsg.): *Lao-tzu and the Tao-te-ching*, Albany: State University of New York Press 1998, S. 23-40, sowie Seidel, Anna: »Der Kaiser und sein Ratgeber", in: *Saeculum*, 29 (1978), S. 18-50.

[3] Vgl. Seidel, Anna, a. a. O., S. 28.

[4] Vgl. Graham, A. C.: »The Origins of the Legend of Lao Tan", in: Kohn, Livia/Lafargue, Michael (Hrsg.), a. a. O., S. 23-40.

[5] Vgl. *Santian neijie jing* (*Schrift über die innere Erklärung der drei Himmel*), Kap.1, S. 2b; vgl. auch Kohn, Livia: »Die Emigration des Laozi. Mythologische Entwicklungen vom 2. bis 6. Jahrhundert«, in: *Monumenta Serica* 38 (1989), S. 62; und dies.: »The Lao-tzu Myth«, in: Kohn, Livia/Michael Lafargue (Hrsg.), a. a. O., S. 51f.

[6] Vgl. Kohn, Livia: »The Lao-tzu Myth«, in: Kohn, Livia/Michael Lafargue (Hrsg.), a. a. O., S. 57.

[7] Vgl. Kohn, Livia: »The Lao-tzu Myth«, in: Kohn, Livia/Michael Lafargue (Hrsg.), a. a. O., S. 54-56.

[8] Zu den Vorstellungen von Laozi als Unsterblicher vgl. Kohn, Livia, »Laozi: Ancient Philosopher, Master of Immortality, and God", in: Lopez, Donald S. (Hrsg.), *Religions of China in Practice*. Princeton: Princeton University Press 1996, S. 52-63; und Kohn, Livia: »The Lao-tzu Myth«, in: Kohn, Livia/Michael Lafargue (Hrsg.), a. a. O., S. 42-44.

[9] Vgl. hierzu und zur Würdigung Laozis im heutigen Qigong: Kohn, Livia: *God of the Dao. Lord Lao in History and Myth*, Ann Arbor: Center for Chinese Studies 1998, S. 78ff.

[10] Eine Übersetzung dieser Hagiographie ist bei Güntsch, Gertrud: *Das Shen-hsien chuan und das Erscheinungsbild eines Hsien*, Frankfurt am Main: Peter Lang 1988, S. 36-52, zu finden.

[11] Übersetzung durch die Autorin.

[12] Siehe auch Kohn, Livia:«Die Emigration des Laozi. Mythologische Entwicklungen vom 2. bis 6. Jahrhundert«, a. a. O., S. 55f.

[13] Zur Erkennung Laozis als Gott vgl. Seidel, Anna: *La divinisation de Lao tseu dans le taoïsme des Han*, Paris: Publications de l'Ecole française d'Extrême-Orient 1992 (Neudruck). Es liegt auch eine deutsche Zusammenfassung dieses Artikels vor: Seidel, Anna: »Der Kaiser und sein Ratgeber. Lao-tzu und der Taoismus der Han-Zeit«, in: *Saeculum* 29 (1978), S. 18-50.

14 Eine Übersetzung der Inschrift ist bei Seidel, Anna, *La divinisation de Lao tseu dans le taoïsme des Han*, a. a. O., zu finden.

15 Seidel, Anna: »Der Kaiser und sein Ratgeber. Lao-tzu und der Taoismus der Han-Zeit«, in: *Saeculum* 29 (1978), S. 18f., 48f.

16 Vgl. Robinet, Isabelle: *Taoist Meditation*, Albany: State University of New York Press 1993, S. 158.

17 Vgl. Kohn, Livia: »The Laoz-tzu Myth", in: Kohn, Livia/Michael Lafargue (Hrsg.), a. a. O., S. 57.

18 Die Übersetzung einer Schrift, des *Xiaodao lun*, sowie eine ausführliche Einführung in das Thema gibt Kohn, Livia: *Laughing at the Tao. Debates among Buddhist and Taoists in Medieval China*, Princeton: Princeton University Press 1995. Zu den Legenden und zur *Schrift über die Bekehrung der Barbaren* vgl. Kohn, Livia: »The Lao-tzu Myth«, in: Kohn, Livia/Michael Lafargue, a. a. O., S. 56-58, sowie Kohn, Livia: *God of the Dao. Lord Lao in History and Myth*, a. a. O., S. 24-28 und S. 275-289.

19 Vgl. Kohn, Livia: *God of the Dao. Lord Lao in History and Myth*, a. a. O., S. 237f.

20 Vgl. Robinet, Isabelle: *Geschichte des Taoismus*, München: Diederichs 1995, S. 267f.

21 Zu den Namen und Merkmalen des Höchsten Herrn Lao vgl. Kohn, Livia: *God of the Dao. Lord Lao in History and Myth*, a. a. O., S. 245-250.

22 Zu den Wundern vgl. Kohn, Livia: *God of the Dao. Lord Lao in History and Myth*, a. a. O., S. 143-146 und S. 311-328.

23 Für nähere Beschreibungen der Gräber, ihrer »Bewohner« und der Grabbibliothek siehe Hertzer, Dominique: *Das alte und das neue Yijing*, München: Diederichs 1996, S. 53-80.

24 Hans-Georg Möller hat diesen Text ins Deutsche übersetzt (siehe Literatur).

25 Es liegt eine englische Übersetzung der Guodian-Manuskripte von Robert G. Henricks vor (siehe Literaturverzeichnis). Eine deutsche Übersetzung fertigte Ansgar M. Gerstner im Rahmen seiner Dissertation an: *Eine Synopse und kommentierte Übersetzung des Buches Laozi sowie eine Auswertung seiner gesellschaftskritischen Grundhaltung*, Trier 2001. Diese ist jedoch nur als Mikrofiche in Bibliotheken einzusehen.

26 Zu den Kommentaren von Heshang Gong und Wang Bi vgl. Chan, Alan K. L.: *Two Visions of the Way. A Study of the Wang Pi and the Heshang-kung Commentaries on the Lao-tzu*, Albany: State University of New York Press 1991. Zu weiteren Kommentaren vgl. Robinet, Isabelle: »Textual Polysemy and Syncretistic Interpretations«, in: Kohn, Livia/Michael Lafargue (Hrsg.), a. a. O., S. 119-142.

27 Vgl. Walf, Knut: »Der Einfluß taoistischer Ideen auf die heutige westeuropäische Gesellschaft«, in: Hsia, Adrian: *Tao. Reception in East and West*, Bern: Peter Lang 1994, S. 40.

[28] Brecht, Bertolt: *Werke*. Große kommentierte Berliner und Frankfurter Ausgabe, Band 12, Frankfurt am Main: Suhrkamp Verlag 1988. Abdruck mit freundlicher Genehmigung des Suhrkamp Verlags.

[29] Vgl. Liu, Xiaogan: »Naturalness (Tzu-jan), the Core Value in Taoism: Its Ancient Meaning and Its Significance Today", in: Kohn, Livia/Michael Lafargue (Hrsg.), a. a. O., S. 215-217.

[30] Vgl. Buber Martin: »Die Lehre vom Tao«, in Hsia, Adrian: *Deutsche Denker über China*, Frankfurt am Main: Insel Verlag 1995, S. 312f.

[31] Zur Mystik im *Daode jing* vgl. Roth, Harold D.: »The *Laozi* in the Context of Early Daoist Mystical Praxis", in: Csikszentmihalyi, Mark/Ivanhoe, Philip J. (Hrsg.): *Religious and Philosophical Aspects of the Laozi*, Albany: State University of New York Press 1999, S. 59-96.

[32] Zur Meditation im Daoismus siehe Robinet, Isabelle: *Taoist Meditation*, a. a. O.; zur Visualisierung des Höchsten Herrn Lao vgl. Kohn, Livia: *God of the Dao. Lord Lao in History and Myth*, a. a. O., S. 69-78.

[33] Übersetzt bei Darga, Martina: *Taoismus*, München: Diederichs 2001, S. 88f.

[34] Zur Verehrung des Gottes vgl. Kohn, Livia: *God of the Dao. Lord Lao in History and Myth*, a. a. O., S. 139-158.

LITERATUR

ÜBERSETZUNGEN DES *DAODE JING*

Laotse: *Tao Te King*, Texte und Kommentar von Richard Wilhelm, München: Diederichs [12]1998

Laotse: *Tao Te King (Daudedsching)*, übersetzt und eingeleitet von Ernst Schwarz, München: Deutscher Taschenbuch Verlag 1985

Laotse: *Tao Te King. Nach den Seidentexten von Mawangdui*, übersetzt und kommentiert von Hans-Georg Möller, Frankfurt am Main: Fischer 1995

Henricks, Robert G.: *Laotzu's Tao Te Ching. A Translation of the Startling New Documents Found at Guodian*, New York: Columbia University Press 2000

SEKUNDÄRLITERATUR

Csikszentmihalyi, Mark/Ivanhoe,Philip J. (Hrsg.): *Religious and Philosophical Aspects of the Laozi*, Albany: State University of New York Press 1999

Darga, Martina: *Taoismus*, München: Diederichs 2002

Kaltenmark, Max: *Lao-tzu und der Taoismus*, Frankfurt am Main: Insel 1996

Kohn, Livia (Hrsg.): *Daoism Handbook*, Leiden/Boston/Köln: Brill 2000

Kohn, Livia: *God of the Dao. Lord Lao in History and Myth*, Ann Arbor: Center for Chinese Studies 1998

Kohn, Livia, Lafargue, Michael (Hrsg.): *Lao-tzu and the Tao-te-ching*. Albany: State University of New York Press 1998

Robinet, Isabelle: *Geschichte des Taoismus*, München: Diederichs 1995

DIE AUTORIN

Martina Darga, geboren 1962, studierte Sinologie, Völkerkunde und Psychologie. Seit mehreren Jahren ist die promovierte Sinologin als freie Redakteurin und Autorin sowie in der Erwachsenenbildung tätig. Ihre thematischen Schwerpunkte sind Kulturgeschichte und die Religionen Asiens. Bei Diederichs veröffentlichte sie bisher »Das alchemistische Buch von innerem Wesen und Lebensenergie« sowie die Bände »Konfuzius« und »Taoismus« für die Reihe Diederichs kompakt.

REGISTER

René Grousset

Die Reise nach Westen

oder wie Hsüan-tsang den Buddhismus nach China holte

Aus dem Französischen von Peter Fischer

Gebunden mit Schutzumschlag, 344 Seiten
ISBN 3-89631-423-8

Der Marco Polo des Ostens – eines der glanzvollsten Kapitel in der Geschichte der Seidenstraße.

Den Pilgermönch Hsüan-tsang zieht es zur Zeit der T'ang-Kaiser in die Länder des Westens, um die wahre Lehre Buddhas zu suchen: Daraus wird ein 17-jähriges Reiseabendteuer mit unabsehbaren Folgen.

Ein faszinierender Führer durch das Asien des 7. Jahrhunderts.

Frank Fiedeler

Yin und Yang

Das kosmische Grundmuster in der Kultur Chinas

Diederichs Gelbe Reihe Band 174,
Paperback, 200 Seiten
ISBN 3-7205-2388-8

Yin und Yang, die beiden Naturkräfte des Weiblichen und des Männlichen, umfassen in einem tieferen Sinn auch alle anderen Gegensätze. Sie in Einklang zu bringen ist das höchste Ziel chinesischer Lebensweisheit. Wie ein roter Faden ziehen sich Yin und Yang als kosmisches Grundmuster durch die lange Kulturgeschichte Chinas.

Frank Fiedeler erklärt anschaulich das chinesische Weltbild sowie die mythologischen Vorstellungen, die dieser Polarität zugrunde liegen.